駅の社会史

日本车站史

作为公共空间的近代铁路

〔日〕原田胜正 著

叶晓瑶 译

社会科学文献出版社
SOCIAL SCIENCES ACADEMIC PRESS (CHINA)

目 录

序 『文明开化』双眸中的车站

岩仓大使一行眼中的车站

利物浦车站

1872 年 8 月 17 日（明治五年七月十四日），由右大臣岩仓具视担任特命全权大使的使节团乘坐英国冠达邮轮奥林巴斯号抵达利物浦。一行人 8 月 7 日从波士顿出发，航行了 10 天。岩仓为大使，参议木户孝允、大藏卿大久保利通、工部大辅伊藤博文、外务少辅山口尚芳为副使，还有书记官、理事官、随行人员等共 50 人（也有其他说法）。此外还有随从和 59 名前来作陪的留学生，团队阵容庞大。

使节团的主要目的是逐一访问幕末以来与日本签订不平等条约的国家，为修订条约提前进行交涉，同时为吸收欧美诸国文明而展开调查、研究。

使节团随行成员中，佐贺藩出身的太政官权少外史久米邦

武（丈市）后来将此行记录整合为《欧美回览实记》（全五编
100 卷，1878 年 10 月首次出版）。久米从修史馆编修官调任为帝
国大学（后来的东京帝国大学、东京大学）文科大学[1]教授，负
责国史科讲座。1892 年 1 月他的论文《神道乃祭天之古俗》（1891
年发表于《史学会杂志》）被《史海》第八号转载后，他遭到国
家主义者攻击，于同年 3 月辞职。

该论文以合理主义抵制天皇神格化政策，可以说是久米在
西方学习、随大使出访等经历成就了这篇论文的底子。就这个意
义上来说，虽然《欧美回览实记》毫无疑问是政府编纂的记录，
并不是久米的个人著作，但向欧美先进文明投以冷静透彻目光的
该著作蕴含着令人兴味盎然的内容。

奥林巴斯号抵达利物浦港口后，英国的接待员及从日本派
遣来的官吏乘小汽船出港迎接。一行人换乘小船，从港口出发沿
默西河（Mersey River）逆流而上，在埠头上岸。市长派出的马
车已经在等候他们。

1　即后来的东京大学文学部。——译者注。后若无特殊说明，概为译者注。

　　岸上群集如蚁，巡警维护，稍免混杂，开路跑马车，于府中蒸汽车站旁"西北酒店"用午餐，后上蒸汽火车。（《欧美回览实记》第二编）

　　上岸之前，久米的眼睛就没离开过逆流而上的船只周边的景色。"此港是与美洲诸国贸易的重要港口，细长堤坝精工巧筑，北岸有大船厂，石墙包围六方英里[1]，帆樯森立。"虽然里面也混杂了一些从旅游指南中得来的知识，但由此可以一窥在逆流航行于默西河的小汽船上，久米用他睿智的双眸观察着随后将要登上的英国港的样子。

　　在围观远道而来的客人的好奇目光中，一行人坐上马车驶向车站。虽然不清楚这一行人的服装，但是从大使与副使的照片来看，岩仓的头上有发髻，与副使的西装和短发形成鲜明对照。无论这一行人的服装如何，对于利物浦市民来说，到底是非常罕见的。

　　他们从利物浦车站出发去往伦敦。久米记录了当时车站的

1　即6平方英里，约合15.54平方公里。

情况：

> 　　此进出伦敦之车站，站舍大而蒸汽车多，旅客往
> 来殷殷辚辚，纷杂之状难以言喻。（同书第二编）

　　利物浦-曼彻斯特铁路于 1830 年 9 月 15 日开通，是世界上最早由蒸汽机车牵引整列车厢的铁路。1825 年，斯托克顿（Stockton）与达林顿（Darlington）之间开设了世界上第一条铁路，起初蒸汽机车是只牵引货物车厢的，所以就整列车厢都由蒸汽机车牵引这一点来说，利物浦-曼彻斯特铁路的开通具有划时代的意义。

铁与玻璃的宫殿

　　这一行人坐车的站台应该是利物浦莱姆街站（Lime Street Station）。利物浦-曼彻斯特铁路开通伊始，利物浦一端的终点是皇冠街站（Crown Street Station），但是随着运送量的增大，这个站台开始显得狭小，于是在 1836 年新建了莱姆街站作为终点站。

这个新的站台设计了罗马凯旋门风格的入口，象征"铁路的入口"（Gordon Biddle, *Great Railway Station of Britain*, 1986）。这一行人的终点站是伦敦的尤斯顿车站（Euston Station），这里原本也设计了多立克柱式的拱门作为入口。一个接一个的拱门中，可以看出英国早期"站本屋"（日本铁路用语，指车站的主要建筑）的样式。莱姆街站台在 1849 年实施改建工程，1860 年完成第二次改建，1867 年完成笼罩站台的大屋顶工程，采用铁与玻璃的组合（扩建工程一直持续至 1874 年），1871 年包含酒店在内的车站主要建筑竣工。这是这一行人到访前一年的事情。所以也就是这时候，或者 1849 年改建的时候，多立克柱式的拱门被拆除了（Gordon Biddle, O.S. Nock, *The Railway Heritage of Britain*, 1983）。

当时世界上最大的铁路公司是伦敦西北铁路（由利物浦-曼彻斯特铁路、伦敦-伯明翰铁路、曼彻斯特-伯明翰铁路于 1864 年合并而成，大交汇铁路在更早的时候已被利物浦－曼彻斯特铁路合并），西北铁路设计了适合作为该公司代表性终点站的建筑风格，在一楼的站台设施上建造了五层楼的酒店。这样的站本屋，直到如今，依然可以以其壮观为傲。这个有 200 间客房的酒店，于 1871 年 3 月 1 日开业，规模宏大。这一行人下榻的正是这处当时刚建成一年左右的酒店。

皇冠街站是作为车站被修建起来的，所以是名副其实的最早的车站建筑，而此时它已销声匿迹（在曼彻斯特市政府及英国国家铁路的规划下，曼彻斯特一端的终点站——利物浦街车站于 1981 年启动修复工程）。

可能久米并没有意识到，他用来形容往来旅客的词"殷殷磷磷"，其实是人来人往的声音与当时站台及屋顶扩建工程的声音混合之后产生的一种音效。当时欧美的主要站台正朝着"铁与玻璃的宫殿"的方向发展。多个站台、林立高耸的铁柱、笼罩整个站台的玻璃屋顶，这些不只是铁路发展的象征，也是当时进入工业革命，人们建立起工业社会的象征。

他们一行人，已经乘火车横跨了美洲大陆。在芝加哥车站下车的时候，久米写下了这样的句子："站舍广大，铁轨交错纵横，客车货车熙来攘往，初识雄都之繁盛，此前所见车站皆应甘拜下风"（《欧美回览实记》第一编）。从西部的旧金山开始，他们应该已经见过不少城市的车站，但是到了芝加哥他们才得以领略大都市终点站的风采。

见识了这些之后，他们来到英国。从久米的文字我们可以想见，他在利物浦的这个车站，也感受到了与芝加哥相同的大都市终点站的氛围。

不过，一行人并不是到了美国才第一次坐上火车。其实他们在从日本出发时，由品川到横滨也乘坐了火车。

海边的品川站

1871 年 12 月 21 日（明治四年十一月十日），他们坐上了由品川站出发驶往横滨站的火车。当时这趟火车还是试运行的区间车，两个站台也只是还未正式完工的临时站台。那一年夏天（明治四年八月）车身从英国运抵横滨，此时铁路线已从横滨延伸至了川崎，车身上岸后随即开始试运行。同年 11 月六乡川桥梁（木桥）完工，通向品川临时站台的线路也已开通，试运行区间便随之延长至品川。

当时的试运行列车是有时刻表的，但是大使一行乘坐的是按时刻表试运行的列车，还是临时安排的列车，我们并不清楚。从《史料铁道时刻表》（1981）中收录的《岩仓大使外游冈仕込蒸汽仕用案内》这张宣传单来看，时间安排是这样的："十一点

二十分由品川出行，于川崎避让蒸汽车五分钟，于十二点四十
分停于横滨人力车场"，上面有标注"上述行程为当日特别运
行"。如果我们按字面意思理解"特别运行"的话，应该可以
认为他们乘坐的是临时列车。然而，在川崎避让前往品川方向
的列车这样的表述又让我们推测当时的试运行是按照时刻表进
行的。

　　这份宣传单的派发日期是"明治四辛未年十月八日"，也就
是大使一行收到命令的日期。派发宣传单的是"梁山泊蒸汽会
所"。当时大隈重信由民部的大藏大辅成为参议，他对建设铁路
非常热心，有很多人聚集到大隈重信位于筑地的住所，因此他的
住所便被称为"筑地梁山泊"。大隈应该是在工部省周旋，为这
一行人的出行提供了方便，因此在他们出行之日便出现了这样的
宣传单。

　　副使大久保利通的次子牧野伸熊（伸显），当时 10 岁，作
为留学生参与了这次的行程。牧野在多年后的《回顾录》中记
述了当时从站台未完工的品川站坐列车出发的情形。他应该是
"日本最早坐上火车的孩子"吧。同行中还有几位女留学生：津
田梅（9 岁）、永井繁（11 岁）和小川舍松（12 岁），她们也可

以算入孩子之列。

总而言之,这行人是坐火车前往横滨的。但是,当时的品川站还没有完工,也不清楚横滨站欧式风格的站本屋有没有完工。虽然他们有了坐火车的经验,但是要说见到已经在使用中的站台得等到抵达美国之后了。至于见到大都市的终点站,更是得等到抵达芝加哥附近。

"文明开化"之眼

在欧洲或者美国坐过火车、见过车站的日本人并不少。比如由幕府派遣的使节团、留学生以及借博览会等机会来到欧美的艺人等。

1863 年 6 月 4 日(文久三年四月十八日),泽贞说(太郎左卫门)作为一名留学生到达荷兰鹿特丹车站。他将当时的情景记述如下:

> 午后七时三十五分,抵达霍尔兰泽·斯波尔维夫停车场。这是一个砖砌的宏大建筑,有三个大候车室,各有区别。旁边是一个叫斯塔琼斯咖啡屋的小西餐店。

我们一行人随即由霍夫曼博士引导，乘上上等客车。

这是我第一次乘坐蒸汽机车。（泽鉴之丞编，《泽太郎左卫门日记》，《日本国有铁道百年史》第一卷）

与泽太郎左卫门同行的有榎本武扬。戊辰战争中，他们二人曾于箱馆与政府军作战，后来入狱，泽太郎左卫门获得特赦后成为海军兵学长官兼任海军兵学大教授，致力于在海军创立期培养官兵。这份"日记"是由泽太郎左卫门的儿子泽鉴之丞（海军中将）由其父的记录总结而来，作为幕府时期留学生的记录，具有宝贵的史料价值。上面记录了泽太郎左卫门第一次见到鹿特丹车站，从那里坐上火车，以及估计是划分了等级的鹿特丹车站候车室与食堂的样子。此外，值得人们留意的是"停车场"这一用语。对于列车出发与到达的场所、设施应该如何称呼，在铁路开通后的很长一段时间里都没有定论。关于这一点，之后还会谈及，这里要说的是最终作为官方用语的"停车场"就这样出现了。我们无法确定这一用语是否出现在"日记"的原始记录上，如果原始记录就是如此的话，可以说是这个词非常早期的使用实例了。

夏目漱石的洞察力

漱石的困惑

他们见到的车站，尤其是大城市的终点站，其规模之大，发车之多，集散人流之纷至沓来，无论哪一点都可以被看作近代文明的象征。想来，多年之后夏目漱石去往英国留学时应该也有相同的经历吧。漱石乘船抵达意大利那不勒斯，随后再次坐船至热那亚，从这里乘火车去往巴黎。1900 年（明治三十三年）10 月 20 日，围绕自己在车站及列车上张皇失措的经历，漱石写下了日记：

> 早上八点半，乘坐火车从 Genoa（热那亚）出发。乘坐旅馆马车到达停车场，场内很气派，完全不辨方位，急得团团转，委实可笑。火车终于进站，上车时到处都 occupied（满座），实在无计可施。最后终于找到了 Cook（库克）的 agent（负责人），可以用英语求助……（《漱石全集》第十三卷）

当时，英国的托马斯·库克（Thomas Cook）旅行社在意大利的热那亚开了办事处。我们仿佛可以看到漱石在困惑中找到库克的办事处，因为好不容易可以用英语便一个劲儿拜托旅行社的身影。由于这时候乘客很多，所以最终他被安排上了临时列车。但是，坐那趟列车必须在都灵换乘，所以漱石有些"一言难尽"。

虽然在都灵换乘了，但是因为位子上还是挤满了人，同行的5个人就分开入座了。"在这些人中我是到最后都被红帽子牵引着的那一个，多数时候都茫然若失，左右彷徨。"穿过弗雷瑞斯铁路隧道（Fréjus Rail Tunnel）后，进入法国，在莫达讷（Modane）要检查行李。漱石与外面正在检查的一个人点头致意后，取了行李下车，他不知道其实是在车内检查，张皇失措。等他折回的时候，座位已经被"不认识的人"占了，他只有站在走廊里。车长见状给他指了隔壁车厢的一个空座位。入座后，他觉得"同座的六个家伙好像总是在说我的什么坏话"。于是"我也不甘示弱，权当耳旁风"。到达都灵是下午四点半，在车上过了不愉快的一晚后，于翌日早八点左右"总算到达'PARIS'（巴黎）"。

第一次"入洋"的夏目漱石描写了令人感到困惑的车站、

车站的咨询处及国境车站的海关检查处等。即便是 5 个人同行的时候，也是"不习惯火车杂沓纷乱的我们'慌慌张张'，只觉得是穷途末路"（《给镜子夫人的信》，《漱石全集》第十四卷）的模样。

另一个"文明开化"

在伦敦安定下来之后，漱石在给夫人的信中提到了欧洲民众处事的方式："火车上如果没有座位，即便是看上去下等的劳力也会给你匀出个位置。在日本，却还有一人占据两个位子而扬扬自得的蠢货。（中略）火车上的行李之类是直接扔到'PLATFORM'（站台）上各自拿取的，很随意。"

对漱石来说，从站台之类的地方拿取行李时的规矩与行为作风也是可以看出"文明"水准的。后来向人们讲述"由内而外的开化"必要性的漱石，想来是刚到伦敦的时候，就从在列车和站台上看到的各种行为举止中注意到日本人不讲礼仪了。到底是漱石，从这些地方就能看出文明的"落差"。我们也可以从中得知，当时作为公共设施的铁路车站及列车，已然成为人们可以互相确认各自权利的场所。

　　漱石在检查行李时慌忙下车之后，有人坐上了那个空位，对这个人来说"拿着行李出去，就代表先前的人放弃了拥有这个座位的权利"，这让漱石明白自己没有任何申辩的余地。与之相应的，是当座位上还有余地的时候，缩小自己占据的空间让无座的人坐下。这些都是围绕权利产生的行为。漱石明确地意识到，这些权利观念已经通过车站及火车在人们之中建立起来。

　　在幕府末年明治初年的三四十年间，多位像夏目漱石这样，带着惊讶与困惑，从车站与列车、人们的社会性行动中审视近代社会的人际关系，进而思考文明形态的人物诞生了。以这样的视角来看，车站作为出行所需的公共空间，成为人们相遇、分别，有时相互亲近，有时相互对立的场所。在那里，人们不会因为人格、财富、身份或性别而遭遇歧视。

Public Space 的含义

　　1978 年 12 月 13 日至第二年的 4 月 9 日，在巴黎的蓬皮杜中心举办了以车站为主题的博览会。博览会的导览《车站时间》（*Le Temps des Gares*）从产业、建筑、文化、政治和社会等多个角度来定位 19 世纪之后的铁路车站，将车站定位成矗立在上述各项基础之上的"近代社会的巴别塔"。从这份导览开头出现的诗人泰奥菲尔·戈蒂耶（Théophile Gautier）的句子，我们得以了解以车站为主题举办这次博览会的主办方的立场。

> （所谓车站）是近代产业之殿堂，这一世纪（19 世纪）的"宗教"，也就是铁路这一"宗教"在那里显形。这个新的人性大圣堂是各国民众的集合之处，是集中一切的中心，是将"铁"之光线发射至天涯海角的巨星之核。

这里对车站的定位是替代了中世纪大圣堂的近代社会大圣堂，是诞生于工业革命与资产阶级革命之中的近代社会产物。博览会主办方应该也持有这样的观点吧。

车站，并不是仅仅用它作为大型终点站的壮丽外观来代表近代文明。无论规模大小，通过资产阶级革命获得了出行权利的人们集聚于这一场所，其人格的平等受到保障。这次博览会从多种角度阐明了"铁路车站"的这种特质。作为工业革命与资产阶级革命的产物，车站的两面性曾让久米邦武惊诧不已，让夏目漱石深有感触，而现在我们得以再次确认了这种两面性。

欧洲出版的关于车站与铁路的著作有 J. 理查德和 J. 麦肯齐合著的《铁路车站》（*The Railway Station*，1986，牛津大学出版社），就像它的副标题"一部社会史"（*A Social History*）所示，这本书以铁路车站的建筑为主，另外从政治、经济、社会、战争、文学、美术和电影等多种视角出发，重组车站历史。纪念德国铁路 150 周年的出版物之一《时代的列车，列车的时代》（*Zug der Zeit-Zeit der Züge,* 1985, Siedler Verlag）是两大卷的巨作，从多角度阐述铁路与社会文化的关联，是一部非常具有启发性的作品集。近来，以这种视角来观察某个车站历史的著作也在不断增加。虽然我能把握的只是其中非常有限的一部分，但是我认为自己为这个领域提供了较有积极意义的视角。

日本从很早之前就开始单独讲述某个车站的历史。第二次世界大战之后，不光是铁道机构内部，许多其他机构也出版发行了各种各样的车站史读物。后来，基于社会背景对车站历史进行定位的观点日益突出。

尤其是从 20 世纪 70 年代末起，出现了站在社会学等立场，以新的视角凝视车站的尝试。其中，共同体议论开始兴盛，将车站及站前广场重新定位为"公共场所"的看法占据了主流。日本交通文化协会主办的定期刊物《公共空间》（*Public Space*）于1982年创刊，创刊之际，以《明日车站》为题，出版了有奖论文大赛的入选作品。

就像夏目漱石所说，近代日本的public意识非常薄弱，这个说法很确切，直到今天也是。想来，将public翻译为"公"的时候，或许已经偏离了它原有的意思。"公"的字义当中一开始就包含着古代父权君主制国家的社会意识。所以，把车站重新看作public space，就可以再度审视现代社会里社会意识的样态与社会性行动、人际关系的样态，这是一项对现代日本社会来说特别有意义的工作。

此外，在铁道史领域，去除经济史、政治史和文化史这些学科间的藩篱，建立综合性视角的势头愈发明显。1986年出版发行的《铁道与文化》是以谈话形式将铁道史学会成员感兴趣的话题与视角集结起来的著作，可以说是一本提出问题的书。

我曾经以交通史研究会的学会报告为基础，总结过一篇题为《铁路的发展与车站》（交通史研究会，《交通史研究》第12

号，1984 年 12 月）的论文，随后又得到了以车站为主题写一篇文章的机会。之后，我就在了解上述国内外成果的基础上，开始考虑以新的视角把握铁道史。虽说如此，对于近代史专业的我来说，这个工作就是将车站置于日本近代化过程这一背景下来考量。

从车站中，久米邦武看出了近代文明的象征，夏目漱石对近代社会人际关系有了感悟，将这样的车站放在日本近代化的过程中重新审视，会是怎么一回事呢？这就不能把视角仅仅停留在将近代化看作工业革命的成果上了，夏目漱石所在意的建立近代公民社会的近代化视角也是不可或缺的。我想从这样两种视角出发，来构建车站作为公共空间的"车站的社会史"。

一　从『驿』到『站』

"驿"[1]与"停车场"

作为日语译词的"驿"

在最开始,我想谈一下"驿"及"停车场"这些名称是如何确立的。从英语的 station 和铁路一起进入日本,到"驿"及"停车场"成为固定的词语,中间隔了好几年。前面也介绍过,泽太郎左卫门曾在"日记"里用了"停车场"这样的词。事实上,我对于在那么早的时间点上是否出现过"停车场"一词有所怀疑。"停车场"这个词成为铁路的公用语固定下来,是晚些时候的事情了。

另外,"驿"字自古以来被使用在"宿驿制"一词中,所以在 1889 年实行町村制、自古以来的"驿"从制度上被废弃之前,

1　本章是对车站的日语"駅"一词的讨论,为方便阅读,本章中将原文的"駅"均写作"驿",
　　表示车站。

该字难以用来表示铁路车站。所以，在很长一段时间内，"驿"一词都没能作为铁路设施的名称固定下来。

但是，在《欧美回览实记》中，久米邦武使用了"驿"。他于 1872 年 1 月 15 日（明治四年十二月六日）抵达旧金山，在同月 21 日（十二日）的记录上出现了"晨八时四十五分，由南太平驿，乘坐蒸汽车"（同书第一编）的表述。"南太平驿"应该指的是南太平洋运输公司的车站。无论当时笔记中的"驿"具体指的是什么，这本书写就的时候，久米使用了"驿"一词作为铁路设施的名称。因为是外国的设施，可以不用顾虑日本的"宿驿制"，要么是直接用"驿"，要么是写作"驿站"，在其上标注读音"ステーション"[1]。可以想见，发音和写法都比较简洁的"驿"，就这样和"汽车"[2]一词一起很快深入人心（关于"汽车"一词，在拙著《汽车与电车的社会史》中曾进行过探讨）。

因此，"驿"这个词应该是比"停车场"更有表现力，更容易固定下来。这和"汽车"与"列车"之间的关系有相似之处。但是，因为制度上的缘由，"车站"作为日本铁路设施用语固定

1　station 的日文片假名。

2　火车一词早期的日语表述为"汽車"，此处因专门讨论用语，故仍写作"汽车"。

下来还有待时日。下面，我们一起来看看这些词语是经历了怎样的过程被固定下来的吧。

作为公用语的"驿"

"驿"这一名称是从什么时候开始作为公用语出现的呢？虽然不是法律条文，但是在《明治二十年铁道局年报》中出现了"新井驿"和"新井停车场"这样两个词语。前者是北国街道[1]的客栈，后者是直江津线（后来的信越本线）的停车场。

但是在《明治二十三年铁道局年报》中，"停车场"和"驿"作为铁路设施的名称同时被使用。比如"新桥神户间诸驿"。《明治二十一年铁道局公报》卷末的《日本铁路线路图》中，线路表上有"停车场"这样的设施名称，之后每年都沿袭这一用法。另外，《明治二十二年铁道局年报》刊载的建设费一览表中有一个价目的名称是"停车场"，可以认为"停车场"成了设施的名称。既然这样，那在《明治二十三年铁道局年报》中又为什么会出现"驿"与"停车场"被同时使用的情况呢？"停车场"

1　日语地名中，"街道"为地区主干道之意。北国街道为中山道的信浓岔道经小诸、上田、善光寺至北陆的高田、直江津的一条道路，在今天的长野县至新潟县一带。

和"驿"之间有没有使用上的区别？这里留下了一连串的问题。

在这里，我们需要注意到市制和町村制是在 1888 年[1]4 月 25 日公布，1889 年 4 月 1 日起，在内务大臣指定的地方依次施行的（府县制、郡制是在 1890 年 5 月 17 日公布，郡制是在町村制施行后，府县制是在郡制、市制施行后，经由内务大臣决定而施行的）。废除宿驿制度后作为地区名称保留下来的"驿"也就随之彻底消失了。

这样，律令制以来的"驿"从地区名称中消失，那么铁路停车场使用"驿"这一名称，也就不会出现混淆。我们或许可以认为是因为有这些背景，所以《明治二十三年铁道局年报》才开始使用"驿"的。"驿"就这样成为铁路设施的名称。然而，还有一个问题，就是"驿"与"停车场"的异同。

关注一下这些年报中的用例会发现，当概念性描述铁路设施时，会使用"停车场"一词，而具体停车场的名字则会兼用"停车场"与"驿"。兼用的时候，我曾想过是不是会根据某些标准来区分使用，但其实好像并没有这类标准。

1　明治二十一年。

关于"驿"的用例，我们还应该关注在 1890 年 9 月 6 日公布的铁道厅官制（敕令第 199 号）。在这之前直属内阁的铁道局被移交至内务省，作为该省的外局，改名铁道厅。在铁道厅官制中，铁道厅下属职员是有定额的（第二条）。"长官一人、部长三人……"这样的规定最后是"属三百人、技工三百八十人、驿长一百二十人"。就古代太政官的官制来说，"属"相当于四等官的主典。一等官到三等官的"头""辅（佐）""丞（尉）"，在明治初年曾一度复活，但是除了在大佐、中佐、中尉、少尉这些将校军衔里保留以外，都随着内阁制度的实施消失了，仅仅作为敕任官和奏任官被保留下来。四等官的"属"则作为内阁制中的文官官名被保留了下来，得到了判任官的待遇，相当于军队武官中的下士官，警察中的警部补[1]。

稍稍跑题，我们回过头来继续。除了事务官僚"属"，还有技术官僚技工，而驿长作为该机构的统管负责人，既不是事务官僚也不是技术官僚，却与前两个职务比肩。在这个官制中列举出来的职员都拥有官吏身份，拥有判任官及以上的官名。在事务所

1　日本警察职级之一，在巡查部长之上，警部之下。

与机构中工作的事务员、工勤人员、乘务员和站员等作为雇员、用人，身份处于官吏之下，就军队而言，相当于"兵"。如此看来，我们可以认识到驿长是获得了判任官待遇的职位名称。

驿（站）长在初期被写作"ステーションマストル"[1]。无须赘言，即便到了如今，在车站的站长室及站长办公室的标牌下也会同时标出 station master 的英文字样（将车站办公室标记成"站长办公室"，怎么看这里都是非常重视指挥命令体系的官僚机构）。这里 station master 正式以"驿（站）长"这一译名表示了出来，也就是说没有被写成"停车场长"。另外，包含在停车场之内的调度场等地方，此后也没有使用"调度场长"，而是使用了"调度场驿长"的称呼。鉴于车站与调度场等地方的关系，可能还是用"驿长"这一称呼会更加简单方便，关于这一点此后还会详述。

总之，"驿"一词就这样在 19 世纪 90 年代之初开始应用于需要表示停车场固有名称的场合，并且固定为停车场业务总负责人的职位名称。

1　Station Master 的日文片假名。

"停车场"的定义

"驿"作为铁路设施，正式作为法令用语获得定义是在1921年（大正十年）10月14日公布的《国有铁道建设规程》（铁道省令第2号）中，其中第四条对"停车场"定义如下：

第四条　停车场指的是以下各项：

一、驿。停放列车，安置旅客与行李的场所；

二、调度场。与驿不同的，用于组装车辆、更换车厢的场所；

三、信号场。与驿或调度场不同的，停止、错位以及待机车辆暂时停留的场所。

这样一来，停车场和驿之类的定义就到位了。另外，"信号所"这个词也有了它的定义，"信号所，与停车场不同，是放置手动信号机的场所"（第五条）。信号场包含在停车场之内，信号所则是与停车场不同的专门控制信号的地方。关于这一点，常会出现错误用法。这两个词之间的区别至今仍然存在，日本国土地理院的地图也常不注意区分二者。

　　总之，驿被确定为停车场的设施之一。上文的"旅客与行李"应该是"旅客与货物"吧，这里"行李"与"货物"的区分比较模糊。如果要深入讨论这个问题，我们可能就跑偏了，只是顺带提一笔的话，可以说，现在对"行李"的定义，是旅客随身的手提行李以及小行李这些属于客运业务范围内的物品。

　　那么，根据《驾驶运行心得》（1924 年 12 月 20 日，达第913 号），我们可以知道停车场的空间范围：第一，在停车场标示区域之内；第二，在没有标明停车场区域的地方，单线区间的情况下就是场内信号机之内（a），复线区间就是列车进入的方向

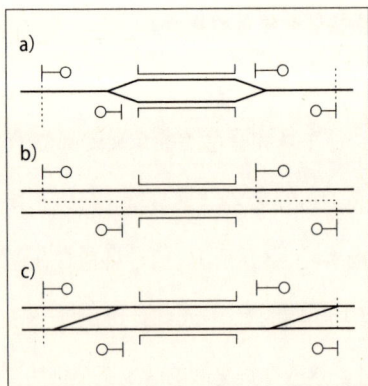

是场内信号机之内，驶出的方向是出发信号机之内（b）。如果
出发信号机的外侧有转辙器，那就是反方向路线的场内信号机之
内（c）（《驾驶运行心得》注 22）。也就是说，停车场与驿的定
义及其空间范围，是由设施与驾驶两方面共同确定的。

这样，驿也就获得了法规上的意义。接下来，我想将铁路
车站出现之前驿的漫长历史追溯至古代的驿制，回顾一下这段
过往。

车站的语源和历史

表示车站的"驿"字

从上面的介绍可知，在国有铁道的定义中，驿被归到了停
车场这一概念之内。那么私营铁路又是如何呢？在法规上，"停
车场"之内还进一步分为"停车场"与"停靠站"。狭义的"停
车场"是可以停车、上下旅客、装卸货物，（铁道上）有转辙器
的地方。"停靠站"是与之一样但是没有转辙器的地方。也就
是说，私铁在规定中没有"驿"这一概念。在有轨电车中则连
"停车场"的概念也没有，全部都叫"停靠站"。

这样看来，驿的概念是非常狭窄的，是被限定了的概念。但是，一般而言"驿（站）"已经渗透到使用铁路的人们的生活中，与之融为一体。

考虑到这样的渗透力，现在无论 JR [1] 还是私营铁路，人们都意识到了关于驿的各种问题。对旅客来说，哪种站比较方便呢？所谓"驿"，在民众的生活中有着什么样的意义呢？从其位置、构造到功能等，涉及的问题范围非常宽泛。关于这些，就必须以近代公民社会的形态、实际情况为背景进行思考。

所以就会有"'驿'究竟是什么"这样的问题，以及想要调查"驿"这个词的起源及其用法变迁的冲动。

首先，我们从表示车站的"驿"字说起。众所周知，它是"驛"的简化字。在诸桥辙次编纂的《大汉和辞典》（卷十二）中写的是"驛的简化字"，但是没有写这个简化字是从什么时候开始使用的。与其认为这个问题与日本的汉字学问有关，不如说应该把这个问题作为车站历史的一部分来思考。为什么这么说呢？因为对于使用、运营"驿"的人来说，使用或者记录"驿"

1　即日本铁道公司（Japan Railways），前身为日本国有铁道。1987 年，日本国铁民营化，JR 基本继承了国铁的线路及站点。——编者注

的频率越高，就越会觉得用繁体字是一件无比麻烦的事情。即便
在正式的场合会使用繁体字，但在第二次世界大战之后表决常用
汉字时，"平时可以用简化字"的提议赢得了普通人的支持。这
种文字的演变，仅靠活字印刷文献是比较难弄明白的。印刷活字
的时候，即便稿件本身用的是简化字，因为有现成的繁体字模，
所以最终还是印出繁体字的情况很多。这种文字的变化必须依靠
手写文书来判断，所以就成了一个麻烦的问题。

　　也就是说，从 "驛" 到 "驿" 的演变还是个尚未探究清楚
的问题。我们现在先来看一下 "驛" 字的含义。

　　我们用《大汉和辞典》来查一下。第一层意思是 "传递公
文、情报、物资等的马。从宿地去往下一处的快马"。第二层意
思是 "马舍、中转地、宿地，行旅中的宿地或者应需求为安排
车马而设置的途中的亭舍"。其后辞典中又列出了 "引领" "传
递" "中断" 这几个意思，最后作为在日本的用法，又有以下这
些解释："站台。火车出发与到达的场所。停车场。station。" 虽
然日语的语义欠缺严谨性，但是从第一层意思不是场所，而是传
达、运输的手段来看，我们也可以理解为什么用了 "马" 字旁。
如果本义是某个场所的话，应该是 "土" 字旁吧。顺便说一下中

国的"站"字，这个字是用来表示铁路车站的，从"站立""伫立""停止不动"的意思演变至"换马之地"，再后来逐渐有了停车场的意思。这个字也不是"土"字旁，是从表示举措、动作的意思延伸而来的。日本陆军用了"兵站"这个词作为补给用语，这可能也是从《大汉和辞典》中引用《清会典·兵部》里"凡置邮，曰驿曰站"这一段引申而来的，从"设军报所为站"这一注脚中可以推测出一二。日本作为军事用语使用的"站"在近现代中国是铁路用语。

我们回到"驿"这个字。中国关于文字的典籍《说文解字》中有"驿，置骑"的解释，有些场合的"骑"指的是"快马"，并不是指车。"䮃为传车，驿为置骑，二字之别也。"意思是停放运输车的地方写作"䮃"。

总而言之，"驿"最初的意思是停放传马的地方。在《说文解字注》中有"从马睪声"，可以说"えき"（eki）这个发音是从"睪"这一偏旁而来。[1]那么，我们再来看一下"睪"这个字。这个字原本的字形是"睪"，是"目"与"罪"的合字，据说是

1　"睪"字的日语发音 eki 与简化为"駅"的"驛"一致。

表示警察监视逮捕的犯人之意，后来引申出"牵引"的意思。在此基础之上，再加上"马"，就产生了停放传马、快马的地方之意。

这种"驿"从很古老的时代起就以制度的形式被确定了下来。《周礼·秋官司寇》的"行夫"一篇中，"传遽"的注脚里有"传遽，若今时乘传骑驿而使者也"，由此可知"驿"已被制度化了。这样看来，在很早之前，中国就制定了传马和快马的制度，随后这些演变为宿驿制度固定了下来。我们可以推测，"驿"也由此从表示传马、快马变成了宿驿之意。

"驿"制的历史

这个制度进入日本的时候，"驿"已经包括了作为宿驿制度的这层含义。《令义解》卷八的"厩牧令"中有"凡诸道须置驿者。每卅里置一驿"（国史大系本《令义解》）的记述，另外又有"凡诸道置驿马。大路廿匹。中路十匹。小路五匹。使稀之处。国司量置"，由此来区分"驿"与"驿马"。在这里，大路指的是山阳道，中路指的是东海道和东山道，其余指的就是小路。

国家还非常详尽地制定了用于分配驿马、整备马具和马食的驿稻制度。另外，《令义解》中对"驿"的"驿长"制度也进行了说明。

901年（昌泰四年、延喜元年），菅原道真被贬为大宰权帅，在赴任大宰府[1]的途中，于明石驿亭内，面对惊讶不已的驿长口诵汉诗。这一佳话被载入《大镜》之中，《菅家后集》收录了这首诗。

驿长莫惊时变改，一荣一落是春秋。

《菅家后集》介绍："此诗在某僧侣书中，不知真伪，然而为后所书付也。"（岩波书店《日本古典文学大系》72）大概是由于此诗句不是作为正式记录留下来的，所以才会受到如此对待吧。但是，我们仍可以认为此处在诗句中出现"驿长"一词是非常稀罕的用例。

在这次旅行途中，驿站接到了来自各地的指令，不再给他

1　即今天的九州福冈县太宰府市。

食粮与传马，由此道真不得不经历了一场非常艰辛的旅程。

到了中世至近世时期[1]，这一古代驿制发生了巨大的变化。但是，到明治维新之前，即使"驿"作为一项制度消失了，"驿"这一词语却保留了下来。而且，明治维新之后，在太政官制的基础上，在会计官底下设立了"驿递司"，1869年移交民部省管辖。该司1871年又归入大藏省，升格为"驿递寮"。作为管辖邮政及陆上运输的官厅，"驿递寮"的出现可以被认为是古代制度的复活。

由明治五年一月十日（1872年2月18日）废止东海道宿驿起，全国开始逐步废止宿驿制度。一月十日大藏省发布通知："自东海道筋[2]各驿传马所被废除以来，即是公事旅行，需向陆运公司申请人马中转事宜。"（《法规分类大全》运输部门，驿递寮）此外，大藏省于同日向东京府发送的通知如下：

一、废除东海道筋各驿传马所，同时废除各驿所

1　日本历史通常划分为古代、中世、近世、近代和现代5个阶段。中世为镰仓幕府建立至战国时代结束，为12世纪末至17世纪初；近世为江户幕府时期，为17世纪初至19世纪后半叶。——编者注

2　主要道路之意。

属助乡[1]，此项可由各村传达；

　　二、废除东海道各驿所配邮政官员。

同年七月二十日（1872 年 8 月 23 日），发布太政官公告（第204 号），内容如下：

东海道其余街道逐渐废除传马所助乡，制定通用运输法规，然而同时还有保留旧式做法者，一事两法，实属难堪。以八月三十日为限，各地统一废除传马所及助乡所设一切课役，同时取消所有官方支出的工钱。对于此前属于传马所的宿驿，在双方意见一致的基础上，给予其适量佣金，让其设立可负责人马中转的陆运公司或者面对面的人马交接所，将负责人的姓名及双方合意之佣金总额提交至"驿递寮"。此外，如有其他事项需支付工钱，亦可同样提交申请。

1　日本江户时期的一种劳役制度。德川幕府为了维持各街道宿场的正常运作，向宿场附近的村落召集人手和马匹充当徭役。这些提供徭役的村子被称为助乡村。

　　根据这份公告，八月三十日（1872 年 10 月 2 日）废除全国各街道宿驿制度。其中，如上述公告所写，旧有的宿驿制度变更成为由各驿设立陆运公司来负责运输。于是，车站开始具备陆运公司运输基地的特点。另外，以 1875 年 5 月 30 日为界，陆运公司被解散，由陆运原公司接手。由明治初年至此时的这段历史，在山本弘文所著的《维新时期的街道与运输》（1972）中，有依时间顺序的详细记述。

铁道之 "驿"

　　宿驿制度被废止是在 1872 年，众所周知，这是新桥站至横滨站间铁路开通之年。这成为驿（站）由一般道路开始向铁路迁移之始。

　　但是，要说是否从最开始就用了 "驿" 这个字，倒也不是。品川站至横滨站间线路试运营的公告（明治五年五月三日［1872 年 6 月 8 日］第 144 号公告）上写的是 "由品川ステーション（station）[1] 至横滨" 的火车于下月七日试运营，特此公告（《法令

1　取 station 的发音，为日文中的外来语单词。

全书》明治五年）。这里用了"station"一词，也就是说这个词还没有固定下来的日语译词。这时面向大众制作的"铁路列车发车时刻表及价格表"中写着"五月七日起以此处时刻为准往品川 station 发车"，也用了"station"的写法。

五月四日，太政官第 146 号公告颁布，其中的铁路简则第二条（"车票检查及提交"）是这样写的："检查车票之际，须服从；收集车票之际，须提交。若检票时不出示，或收集车票时不提交，就要从最初发车 station 来计算费用，重新支付车票钱。"这是有关检票及收集车票的规定，是应对无票乘车或者其他原因所致的拒绝检票、收集车票时的办法。这里的"最初发车 station"指的是这个区间的起点站还是这趟火车的始发站并不清楚，但是这里需要注意，关于 station 这个词，注释是这样的：

所谓 station，以列车的角度来说就是乘客上下车或者卸下堆放行李的场所。

这里非常明确地记载了"停车场"一词的定义。在这里我试着援引《牛津简明英语词典》（*Concise Oxford Dictionary*）中关于 station 这一词条的解释，其中第四条如下：

Stopping-place on railway with buildings for accommodation of passengers & goods or//(goods-~)of good only.

可以看出这一定义与铁路简则的定义几乎一致。

这里的 station 是什么时候朝着 "停车场" 与 "驿" 发展过去的呢？要说清这一点非常困难，明确写了这一点的史料非常少。原本在铁道寮中就没有关于劳务组织的规定。铁道寮以及其后的铁道局给核心机构设立了严密的章程，但是没有给工作现场的组织设立章程。

因此我们不得不从其他各种章程中选出相关用语，然而我们无法准确把握在哪些章程中隐藏了哪些用语。除此以外，进言书、往返文书等极有可能使用了正式名称的文书也成了必须查证的对象。说到底，这些应该是难以一个人完成的调查工作。

下面就介绍一下至此为止检索到的例子。这些例子只是一部分，还请各位读者谅解。

1873 年 9 月 15 日即开通一年后，新桥站至横滨站之间开始运送货物［事实上开通是在明治五年九月十三日。因从 1873 年 1 月 1 日（明治五年十二月三日）起改用公历，所以严格意义上说并不是一年后］。这个时候的铁道货物运送补充规定将"停车场"称为"station"。9 月 13 日，张贴在各车站的营业规则也被称为"station 规则"（《铁道寮事务簿》卷一一）。

在铁道寮于 1873 年 10 月 3 日发布的铁道寮火车运输规定中，将站长称作"station master"[1]，这一点在上文也有提及。因此，我们可以认为在这个阶段"停车场"及"驿"这样的用语尚未出现。

广为人知的是在那个年代人们通常把停车场称为"sta 所"[2]。毫无疑问，这是 station 的变音。虽然前后顺序有些颠倒，但还是想提一笔，当时还出现了"蒸汽机车会所""蒸汽会所""铁道馆"这样的表达，好像还有了"会馆"这样的词。

前文已写过久米邦武在其《欧美回览实记》中用了"驿"

1　原文为"ステーション マストル"，取 station master 的发音。

2　原文为"ステン所"。取"ステーション"（station）的缩略发音。"所"在日语中的发音与"ステーション"的"ション"（shon）近似，故"ステン所"为变音。

这一词语。这可以说是"驿"出现得很早的一例。但是铁路当局开始使用"停车场"和"驿"则是很久以后的事了。比如，1878年（明治十一年）3月8日，在工部卿伊藤博文向太政大臣三条实美递送的"关于京都大津间铁道建筑起业之事之问函"中，使用了"大津 station"（《工部省记录》卷二，六之一）这样的表述。而在1880年（明治十三年）5月建设米原站至敦贺站间铁路的过程中，金崎旧炮台用地被征用为敦贺停车场用地，在铁道局长井上胜[1]寄给工部卿山尾庸三的文书中，有"在敦贺港中金崎泉村有旧炮台，有碍如今铁路停车场用地之建设"（《工部省记录》卷二，二十五之一）的记载，其中用了"停车场"一词。

在这期间，停车场一词出现的频率持续升高，可以推测其正在逐渐步入正式用语之列。其中一例，出现在陆军卿代理陆军中将西乡从道于1877年9月28日寄给工部卿伊藤博文的文书中。文书的主要内容，是希望可以在运送西南战争复员军人之际，征用由横滨站及神奈川站出发驶向新桥站的列车。文书如下：

1　井上胜（1843~1910），日本近代化先驱，被称为日本的"铁路之父"。历任铁道头、工部大辅、铁道局局长、铁道厅厅长，在任期间强烈支持铁路国有化。

　　这次从九州（西国筋）凯旋的军队，乘坐汽船归京的人员由横滨登陆去往新桥；从东海道陆路归京的人员则是从神奈川驿出发去往新桥。两支队伍都用火车发送之事应如何处理？（中略）到达的时候，如果由负责人直接与各停车场商量的话，应该可以安排好，将他们顺利送到。（《工部省记录》卷六，二十三之三）

　　"神奈川驿"的"驿"可以理解为宿驿之意。另外，这里非常明确地出现了"停车场"一词。但是和《欧美回览实记》一样，这也不是铁道机构内的负责人写的文书。

　　此外，同年10月4日，在太政官书记官寄给工部书记官的文书中使用了"停车场"这个词。那是一份关于凯旋将领的文书。

　　山田、野津、大山三将，正如另一页纸上所写，已经顺利回营。至于随行武官七十人按照之前的安排，为其准备了火车，并姑且按照惯例先借用新桥、横滨

两个停车场二楼为休息场所。(《工部省记录》卷三，

二十九之四）

在同一份文书上还出现了"停车场驿长"这样的词语（同

书卷三，三十三之二）。

各种各样的词语混杂使用，大概就是在确定一个词语的

过程中出现的过渡现象吧。从 station 发展到"停车场"，又从

station master 发展到"驿长"，这样的变化就是这个时期的见证。

但是，我们可以认为在这个时期"驿"还没取得稳定的地位。无

论如何，在大津站至京都站之间的铁路建设技术进入自立阶段的

同时，"停车场"这一翻译逐渐成为正式用语，这点也是事实。

"sta 所"和"停车场"

现在，让我们回想一下本章最初出现"驿"这一词语的例

子。当时，"停车场"和"驿"这两个词语同时存在，两者皆朝着

公用语的方向发展。然后，町村制实行后，"驿"获得了大众的支

持，而"停车场"则以其更加广泛的意义包含了更多的内容。作

为"停车场"概念的一部分的"驿"在法规中被确定了下来。

但是，归根结底这些都是关于公用语的讨论。如前所述，人们还是同时使用着各种各样的名称。station 变成 "sta 所"，大概是因为受了幕藩体制下 "关所"[1] 这一建筑名称的影响。对于这一点，我们可以联想到 "会所" 与 "馆" 这样的词有着很多人聚集的场所的意思。进一步来说，"馆" 有 "屋形"[2] 的意思，既是贵人及领主的居所，又是统治权执行机构所在。另外，这个 "馆" 字还被用在江户时代的藩校[3] 和医院的名称中。直至幕藩体制结束之前，这些地方都不是一般民众可以自行设立、运营的地方。

因此，"sta 所" 也好，铁道馆也罢，这些词语都是用来称呼 "上头" 创立的设施的。但是 "sta 所" 是使用人群不特定且人数众多的、每个人都有权利使用的场所，这就和警察署、税务署不同。"署" 总归都是行使权力的机构。"会所" 则是很多人为了某个目的聚在一起的场所。在这些词语的使用中，我们可以看到民众对于使用 "上头" 设立的设施初步显示出了积极的

1　意指关卡，交通要道设立的防御设施。

2　日语中 "館" 的发音与 "屋形" 一致。

3　各藩为教育藩士子弟而设立的学校。

姿态。

"驿"这个词也带有律令制之后由"上头"建立的设施的语感，变成带有停车场意思的词之后，就取代了"sta 所"和 station。到这里，"铁道会所"和"铁道馆"这些词语已经失去了用武之地。人们选择了音节简短、方便表达的词语。

就这一意义上来说，"驿"的确是一个简洁且很准确的词。有一阵子，用力过猛，把城市有轨电车的停靠站都误称为"驿"，甚至还有人把公交车站称为"驿"。

还有一点，作为公用语的"停车场"的发音是"テイシャバ"（teishaba），这也和"驿"字同样，是用了"上头"的人选定的词。但是与"驿"不同的是，这个词的发音作了训读[1]处理。说到底，"场所"这个词读成"バショ"（basho）就是汤桶训读[2]。

"场"这个词从古时候开始就是用来表示"市场""立

---

1 日文汉字的一种发音方式，使用该汉字在日本固有同义词的读音。训读只借用汉字的形和义，不采用汉语的音。相对的，若使用该汉字当初传入日本时的汉语发音，则称为音读。

2 指日语中如"汤桶"（ユトウ，yutou）一般，某词前半部用训读，后半部用音读的现象。有些起源于误读，但在使用中逐渐成为固定读法。

场"寄场"[1]这样为了某个目的而设定的空间范围的。所以政府为什么没有用"停车所"，而是选用了"停车场"，也是因为他们考虑到这个词的使用场景，设想了这类场所会拥有包括大型车站站前广场在内的宽敞范围，从而让"停车场"成为公用语的吧。如此一来，人们就按照"市场"（イチバ，ichiba）、"立场"（タテバ，tateba）的读音习惯，把它读成了"テイシャバ"。至于"市场"一词现在作为公用语的发音倒是变成了"シジョウ"（Shijou），可谓是一种逆向发展了。

从"テイシャジョウ"（teishajou）[2]这种发音的词里，应该不会涌现出啄木[3]诗歌里的情感吧。"テイシャバ"这个发音在之后的很长一段时间里成了民众表现喜怒哀乐的一个词。

1　原文均为日语汉字："市場""立場""寄場"。"市場""立场"与中文中意思相近，"寄场"在江户时代指刑务所，现多指短工聚集的场所。

2　现代日语中"停車場"的发音，与"テイシャバ"这样的汤桶训读不同，为音读。

3　石川啄木（1886~1912），日本明治时代诗人、小说家与评论家。他的代表诗集《一握之砂》中有一首题为《停车场》的诗。

二 大众化与大量化现象的先驱

——近代化的开路先锋

决定终点站的位置

新桥站

从东京新桥站出来往东走，穿过中央通[1]和昭和通交汇处的人行横道，再沿昭和通往前走，在右侧可以看到一扇供车辆出入的宽敞大门。其实这是一条大路，进入这条路，迎面就可以看见站台上的货物棚。这就是旧汐留货物站。

在站台的近处、广场的深处，有一块"新桥至横滨间铁路创设"纪念碑，下面有 0 英里的距离标以及部分复原的铁路线。这里是最初开通时的新桥站旧址。

在现在的新桥站改建之前，铁路歌唱之碑[2]就建在新桥站站

1　大路、大道之意。

2　建于 1957 年 10 月 4 日，铁路开通 85 周年之际，以纪念歌曲《铁路歌唱》作词者大和田建树 100 周年诞辰。

内，这是误用史实的一个典型事例。"汽笛一声新桥站"[1]这句歌词里的新桥站，其实是现在的汐留站，也就是说这块纪念碑理应修建在汐留站内才对。现在的新桥站是1909年（明治四十二年）12月16日投入使用的乌森站，是电车专用车站。1914年（大正三年）12月20日东京站开通之后，东海道本线的起点被移至东京站，乌森站更名为新桥站。之前的新桥站是货物专用站，改名为汐留站（这个汐留站也在1968年10月停止使用）。

这个旧新桥站很宽广，大海一侧是夹在海岸与旧滨离宫庭园之间的首都高速环状线和普通公路，山一侧是第一京滨道路，随着一条沿海岸线的道路自新桥去往滨松町，现在的JR东京第二工事局面向的公路是它的南侧边界。这条边界线越过东海道本线和首都高速公路，与旧滨离宫的南侧边界线基本一致。

关于其整体占地面积，著者署名为"汐留站长"的《七十年抄录》的誊写本（序言日期为1942年11月29日，推测可能是铁路开通70周年的纪念性出版物，但是封面上写有"省外秘"字样，或许算不上是出版物。该文献被编入最近日本经济评论

1　《铁路歌唱》中开头处的歌词。

社出版的《大正铁道史资料》系列之中，如果感兴趣可以找来一阅）中有过记录，为 67786 坪 [1]（1881 年 4 月数据）。《日本国有铁道百年史》第二卷上面记载有开通时的面积，与以上数据相同，约合 224416.5 平方米。

将近 7 万坪的用地，是相当大的面积了。这本《七十年抄录》好像是参考了《芝区史》之类的图书撰写的，认为车站用地是龙野、仙台、会津等藩藩邸的旧址。当时，在这块用地上有一条从中将之南北一分为二的水沟，北侧是龙野、仙台两藩藩邸，南侧是会津藩藩邸旧址。根据东京市役所编《东京市町名沿革史》，1872 年在北侧的两藩藩邸旧址上，将原汐留三角房屋、芝口新町合并为汐留一丁目，而水沟南侧改为汐留二丁目。随后在 1932 年（昭和七年）10 月 1 日，在此基础上，再加上新钱座町的一部分，合并为汐留。随着 1965 年 7 月 1 日新地名条例的实施，又改名为东新桥一、二丁目，"汐留"这个地名消失，只在站名中得到保留。这一带的中央通与昭和通中间流淌着三十间堀川，新桥川连接起外濠与三十间堀川，然后汇入大海。新桥川在

1　日本土地面积单位，1 坪约合 3.33 平方米。

与外濠的交汇处架起的桥是土桥，中央通上的桥是新桥，与三十间堀川合流处架起的桥则是蓬莱桥。蓬莱桥大约就在新桥站正面的位置。

从日本桥出发，经银座进入东海道的人们需要跨过新桥。在本所松坂町的吉良邸为主君复仇的各位赤穗浪士，应该也通过了这里。[1] 龙野藩藩邸前有一口水井，传说这帮浪士在水井处饮水，通过仙台藩藩邸的时候又被招待了粥食。江户时代以来，这一带是都市内与外的分界线。尤其是新桥，新桥川被看作外濠延长出来的部分，而新桥恰位于分界线之上。

在决定新桥这一站名的文书中，有一份是《工部省记录》。这是成立于 1870 年 12 月 12 日（明治三年闰十月二十日）的工部省的史料中与铁路相关的一部分资料，现在被保存在 JR 东日本本社。其中第一卷里，有以下记载：

> 横滨铁路东京 station 之事，随着逐渐将铁路铺往各街道，东京 station 也会分成好几处，当时的汐留

1　即著名的"忠臣藏事件"。

station 之处可称新桥 station。如上所述。

这是工部少辅尾庸三寄给太政官正院的文书，日期为"壬申五月廿四日"，即 1872 年 6 月 29 日。就在同月的 12 日，品川站至横滨站线路试运营，汐留站也接近竣工。根据这份文书，我们可以看到施工时的终点站仍被称作"汐留 station"，但是工部省在给太政官的信件中说希望把它改名为"新桥 station"。这个终点站虽然也可以称作"东京 station"，但是基于未来可能会设置好几个东京终点站，所以此次避开了"东京"这个站名。这份文书上有"伺之通"三字批复，也就是提议获得了认可，于是"新桥 station"一名也就正式决定了下来。

在这份文书中，看不出选择新桥而不选择汐留这一站名的理由。也就是说，可能是根据我们此前分析过的新桥的位置决定的。

决定位置的主要原因

话说回来，为什么选择了这个地方呢？希弗尔布施[1]在《铁

---

[1] 沃尔夫冈·希弗尔布施（Wolfgang Schivelbusch, 1941~），德国历史学家、文化研究学者。1972 年于柏林自由大学获博士学位，研究领域为文学、社会学和哲学，现居纽约、柏林。

道之旅：19世纪空间与时间的工业化》中引用了发行于1855年至1856年的A.巴尔多内著《铁路纲要》中的这样一条规定："一般情况下，由于车站需要尽可能带来与它在城市中心区域相对高昂的造价相对应的利益，为此要在可能的范围内，尽量靠近市中心。"

随后，希弗尔布施又列举了诸多实例。比如，巴黎的终点站建在内侧与外侧的环状道路之间；伦敦西部的终点站建在街区周边地带，而在东部无产阶级居住的区域，路线则渗透至街区内部，这显然是社会阶层差异的体现；在柏林，1846年的地图上终点站位于旧街区的周边，但1860年以后，随着内环街区的扩大，终点站就被包进了扩大的街区之中。

就东京来说，是根据幕府的建筑计划，在大名与武士属地的周边形成江户的街区之后，再于下町、街道沿线形成街区。东海道沿线的街区一直发展到高轮大木户[1]。东京没有出现同时代欧洲都市那样因工业革命带来的街区扩大现象，就街区存在的蚕食现象来说，东京到横滨的铁路需要在品川以北建设轨道。在芝、高

1　别称"江户玄关口"，为江户郊区，各藩在高地上建有别墅。

轮地区，之所以垒起堤坝让沿海岸线铺设的东海道铁路从海面上走，除了因为旧萨摩藩邸与兵部省所管辖的基地等成了架设轨道的障碍外，节约收购沿线居民用地的费用及拆迁费等以控制成本，也是不可忽视的原因之一。

也就是说，打从一开始，这条路线就是在东京外环与沿街道发展起来的街区并行建设的。

关于终点站的位置，1870 年 4 月 17 日（明治三年三月十七日）初步测量，同月 25 日在汐留打下测量桩，5 月 12 日起在上述龙野、仙台、会津等藩的藩邸旧址上开始施工建设车站。也就是说从最初测量时起，东京终点站的地点就定好了。

要避开已经形成街区的芝口、源助町和露月町，跨过新桥川，还要避免进入木挽町、银座街区，最先考虑的就是可以利用旧藩邸宽敞的领地。跨过外濠上在土桥西侧与之并列架设的幸桥，就直接通向旧江户城，也就是东京城（皇居）的外围。除此之外，还有一个好处是这里距离筑地的外国人居留地（现在的圣路加国际医院附近）比较近。车站到居留地是 1.6 公里至 1.8 公里，到皇居是 2.4 公里至 2.5 公里，居留地比皇居更近。

当时，在政府内部存在对外国人相关纠纷的恐慌。就这一点来说，终点站距居留地近就可以限制外国人在市内的移动范围，这是一大优点。横滨的终点站也建在了野毛居留地附近，应该也是受这样的顾虑影响。但是反过来说，就外国人的出行而言，我们也无法否认这样的车站选址的确是有好处的。

对于这样的车站建设计划，也有反对的声音。

"在筑地附近设置蒸汽机车会所，非为此国体该做之事……"以这样一行字起头的这篇文章来自兵部大辅（兵部省次官）前原一诚。这是一封篇幅很长的请愿书，前原把终点站建在汐留这一决定归纳出了九大害处：①各国外交官来往乃对日本人之侮辱；②存有攘夷派袭击外国人之隐患；③存有因与外国人的纠纷导致外国军队驻屯东京之隐患；④国人假借外国人威权违法乱纪；⑤助长崇洋媚外之风气；⑥外国人独占商权利益；⑦东京成为非法交易之温床；⑧品川以北沿岸渔民利益受损；⑨阻碍兵部省军事基地建设计划。

说起兵部省，说起弹正台，通常就是被视作"反动之老巢"的机构，不过倒也不是说这封请愿书就是反对铁路建设。围绕在汐留这样的地方是否适合建造终点站，一直有各种角度的论述。

　　只是在前原眼里，建设这样的区间铁路存在某些危险要素，以上这些是他的论述角度。在写这封请愿书之前，前原个人的名字就已经在提交给太政官的建议书中出现了：

　　　横滨距此（汐留）数里，陆运海漕一日达，又何苦费万金之资，强行人所不欲，以利争寸晷之际。况虏情难测，万一破约，雷疾风驶，乘车至，将何以待之，甚可惧。（妻木忠太《前原一诚传》，原文为汉文）

　　当时的横滨有外国军队屯驻。前原是考虑到了日本与外国的关系发生破裂的情况，届时"虏情难测"，外国军队有乘列车入侵东京的可能性。那年 5 月，民部省（当时管辖铁路的官厅）和兵部省之间围绕用地问题在诉讼中发生争执，这就是前原那时提交的文书。这是为了表明兵部省最基本的立场。

　　在终点站选址这件事上，我们可以从这样那样的政治性反应中看出当时日本的状况。更何况这块用地是将非西南雄藩的旧藩藩邸弄到手之后才得以确保的，终点站选址一事的政治性在此即可一窥端倪。

大阪站的位置

大阪的情况与如此决定的东京终点站又有很大差异。就车站的构造来说，大阪站与新桥站完全不同。

最初在 1870 年 9 月前后，依据政府雇用的外国工程师 J. 英格兰（John England）等人的调查，决定将大阪的终点站修建在堂岛三至五丁目之间。随后，建设方获得 3307 坪官有地、7522 坪民有地，合计 10829 坪（约 35798 平方米）的用地，里面包括旧藩邸、仓库以及民宅用地（《日本国有铁道百年史》第二卷）。

但是在 1872 年，政府决定将线路延伸至京都。因此，需要再次讨论大阪终点站的位置。只考虑大阪到神户的铁路时，将车站融入堂岛街区这样的设计对于发挥其终点站功能来说无懈可击，这和汐留的情况是一样的。但是，如果要将线路从大阪延伸到京都的话，这样真的合适吗？我们可以想起一个当时还没发生的例子：横滨（现樱木町）站的位置成了东海道线上一个非常不方便的地方，其中一个原因就是最初选址有问题。

1872 年，铁道头井上胜向工部省提交了一份《大阪西京之间铁道建设调查书》，指出了当阪神间线路延长至京都时途经站选址的问题。井上设想了甲乙两条线路。甲是让阪神间的线路走本庄、中津到达吹田[1]。只是这样一来，这条线路就需要两次横跨中津川与神崎川。乙是让阪神间的线路在从大阪到神户的路上于神崎分成两路，往京都的一路由神崎川右岸北上，直至吹田。

井上将仔细比较这两种方案的表格附在了这份调查书后面。根据这份调查书，甲方案到京都的距离是 28 英里 12 英尺（大约 45.3 公里），乙方案是 30 英里 47 英尺（49.2 公里）。就建设费而言，甲方案的单线需耗资 1195909 美元，复线耗资 1314841 美元；乙方案单线 1181023 美元，复线 1276393 美元。此外，因为要架设桥梁，甲方案尽管可以缩短距离，但是建设费较高。

但是，井上主张采用甲方案，他的理由是这样的：

　　直奔吹田的乘客，里程近，且乘车费用无显著不同，具体请参照列表。可知将来会是何等的便利，从大阪到本庄，再经由吹田去往西京即可。

1　位于大阪市区的东北方向，是由大阪前往京都的第一站。

　　这个提议获得通过，大阪以北的站点得以敲定，大阪站的位置也随着途经站点的敲定而发生了变化。因为没有文书记录下变化的原因，所以其中的经过尚不清楚。在井上制作的甲乙两个方案比较调查书中的略图上，终点站大阪的站台是尽头式[1]的。也就是说，到那时候为止设计的还是尽头式的。

　　说到尽头式，指的是线路到达尽头，站台以コ字形或者梳齿状包围着线路的一种站台形式。与之相对，沿铁路线设置站台，上行与下行的列车可以交互通过的则称作通过式。

　　美国及欧洲城市的中央车站多采用尽头式站台。据说把德语中的Kopfbahnhof翻译过来就是"尽头式（总站）"。英语中写作dead-end station, stub-end station，法语中写作gare en cul-de-sac，这些外文词中都没有表示"头"的词语。通过式在德语中是Durchgangsbahnhof，英语中是through station，法语中是gare de passage。尽头式一会是"死胡同"（英语、法语），一会是"树桩口"（英语），虽然各式各样，倒也有些趣味。即便不是"死胡同"，也可以翻译成"路尽头"。不知道是从什么时候

1　原文为"頭端式"。

起，日语中采用了德语的表达，将它译作"尽头式"。

新桥站和横滨站都采用了这样的站台形式，神户车站也一样。另外，1883 年（明治十六年）开通的上野站与 1904 年开通的总武铁路两国桥站（1931 年 10 月 1 日改名为两国站），也是尽头式的站台。开通后不久，人们就意识到了这一站台形式的不便。1890 年，上野站的货运铁路线延长至秋叶原，这一变化意味着单线路线将直接横穿车站前。至于神户站，1888 年山阳铁路开通之后，需要将起点兵库站与神户站相连，于是在第二年的 3 月 7 日，第二代神户站竣工，同年 9 月 1 日，神户至兵库区间通车。

横滨站的情况，前文已略有提及。这里的问题可以说是最严峻，因为东海道线在向西延伸一点点进入横滨街区的过程中产生了一系列棘手的问题。修建成现在的样子是在 1928 年（昭和三年）10 月 15 日，距离横滨站通车已过去了 56 年零 1 天（为什么没有选 10 月 14 日这一天重新开通，是否凑的是开通日而非开通仪式的那一天呢）。这段时间，向西延伸之后的东海道线在使用与运营上都处于不稳定的状态。关于这一点，我之后会进一步讲述。

众所周知的是，新桥站的问题最终通过另外新建中央车站也就是东京站得到了解决。

从尽头式到通过式

在日本，尽头式站台的便利性受到了质疑。门司港站就是典型案例，站方在旁边另外开辟了货物线路。函馆、稚内和长崎等地都没有采用尽头式。横须贺也从站台另外延伸出一条线路，将铁路延长至久里滨。

总之，这样的例子真是不胜枚举。至于说尽头式站台为什么没有在日本占据稳固的地位，这可以说是铁道史上一个巨大的课题。

将关于各种车站的话题无休无止地继续下去之前，我们需要先回想一下，第一个避开尽头式站台的方案，其实出现在大阪站。尽管尚有一些疑问未找到有力的史料，例如决定将大阪站建成通过式是不是在决定铁路走本庄线的时候，以及做出这一决定的是井上胜还是政府雇用的外国人。但是，在阪神间线路施工之际，因为增加了开通京阪间铁路的规划，大阪站的位置最终由堂岛移至曾根崎，随后车站就没有采用尽头式，而是采用了

通过式。现在看地图或者实际乘坐列车，还是会发现铁路线在
进出大阪站的前后有很大的拐弯，下行列车在车站的前面与后面
右拐两次，上行列车则左拐两次。这要是尽头式的话，就是下
行列车左拐两次，上行列车右拐两次，哦，不，比起拐弯，更
麻烦的地方在于车辆要逐一调转运行方向，所以还需要换装车头
以及调整驾驶室。在欧洲，有一种由电力机车牵引的摆式列车
（Pendelzug），会在最后方的客车内部设置驾驶室，即便不换机
头也能逆向行驶，这或许就是为了方便在尽头式站台调转车头。
因此，不需要耗费这么多麻烦的程序、采用通过式站台的大阪站
应运而生。不管是对后面的列车驾驶，还是对其他运行业务来
说，这一决定都是有重大利好的。

　　在这一时期，井上铁道头已掌握由数据出发对各类站台进行

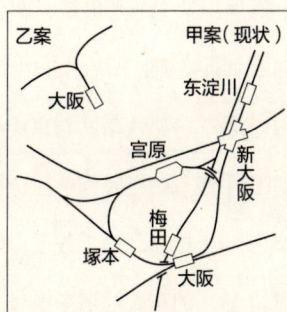

比较以判优劣的技能。从确定线路途经地这点来看，我们也可以发现是时日本已达到在铁路方面能够做出主体性判断的水准。跳出欧美的尽头式站台思考模式选用通过式站台，以及确定大阪站的位置，这些都是日本铁路在自主独立发展的过程中具有里程碑意义的事件。

随着铁路的发展，大都市的终点站不断增加，采用尽头式站台的地方也随之增加。就东京来说，除了上野与两国桥站，还有甲武铁路（现在的中央本线）的饭田町站。随着近郊及城市间的电气化铁路不断发展，品川站（京滨电气轨道，即后来的京滨急行）、四谷新宿站（京王电气轨道，现在废弃。京王新宿站改为尽头式站台）、京成上野站（京成电气轨道，即后来的京成电铁）、浅草站（东武铁道）、目黑站（目黑蒲田电铁，即后来的东京急行电铁）、五反田站（池上电铁，即后来的东京急行电铁）、新宿站（小田原急行铁道，即后来的小田急电铁）等多个车站亦在此列。其中多数——除浅草站与京成上野站外——都是以可以与环状的东京山手线车站接驳为前提选择的车站位置。这些所谓的私铁，因为没有直接连到山手线上，所以采用的是尽头式站台。像东上铁道（后来的东武铁道东上线）这样，在池袋相互串用线路的轨道配置方式，当然是例外。

另外，山手线的车站与这些近郊或城市间电气化铁路之间可以换乘，这使得环状线上形成了"墙壁"，这些电铁公司倾向于不再在环状线上的这些地点设立自己的车站。这一点也与大阪不同。大阪电气轨道（后来的近畿日本铁道）的上本町站、南海铁道的难波站、高野铁道（现在的南海铁道）的汐见桥站之类，都是各自设立车站，而大阪环状线是在这些车站建好之后过了很久才完成的。就城市中车站的配置、车站的建设方式而言，东京与大阪有着很大的不同。

车站的位置与乘客

反对车站派与欢迎车站派

因为决定将线路延伸至京都，大阪站的位置产生了变化，甚至顺带产生了通过式站台。这样一来，就意味着大阪站形成了兼有终点站和中间站的特点，它的出现代表着复合型车站的诞生。

在那之后，拥有这样复合型特点的大城市车站逐步增多。

欧美的私营铁路常常自主选址，拥有自家的终点站。在日本，就像前文所述，在近郊铁路或者城市间铁路中这样的倾向也比较强。然而，曾为明治官设铁道的国有铁道，以及日本铁道、山阳铁道、九州铁道这些组成主要干线的大型私营铁路公司会有规划地在全国范围内铺设铁路网，逐步推进路线建设。他们意识到有必要建设南北贯穿列岛的纵贯铁路，如此一来，在大城市进入街区中心附近建设尽头式车站的做法就行不通了。日本铁道的宇都宫、福岛、仙台、盛冈等站，山阳铁道的冈山、广岛等站，九州铁道的博多、熊本等站，无论哪个都强烈具有中间站的特点，车站的位置也都偏离市中心。

中间站偏离城市中心这样的趋势，不只是在大城市。城市以外，偏离村落中心的例子尤其多，或者说应该将此视作车站选址中理所当然的常识。

东海道本线的藤泽站就是我们常举出的一个例子。藤泽站位于东海道藤泽宿南面稍远处，如今车站周围百货商店与超市鳞次栉比，一派市中心迁至此地的氛围，然而当初，1887年（明治二十年）投入使用之际，这个车站算是建在了离宿场很远的地方，要向南面走很久才能到。即便只看地图，也可以发现从大船来的下行列车，离宿场远远地向南画了一条迂回路线。

　　这是因为当时宿场的旅馆与运输业商铺反对在自家门口建设铁路站台。对于宿场的人来说，铁路车站会对他们的经营造成威胁。但是铁路这种运输手段并不会只给一处宿场造成威胁，它应该会影响到沿线所有宿场。关于这一点，他们考虑到了吗？只能说当时人们对于铁路的认识还是非常粗浅的。

　　甲武铁道当初计划沿甲州街道铺设线路，因为府中及其他宿场的反对，只得选定了由现在的东中野站附近至立川站这样的直线线路（如今建起了高架，线路产生了弯曲，已不再是直线）。在这里也存在一样的问题。

　　无论怎么说，因为有这些反对的声音，在铁路建设初期，有很多车站偏离了村落中心。同样是在东海道本线上的冈崎町，车站设在了距离旧城下町[1]向南 3 公里的地方。有传言说，这是因为作为德川家直系家臣的三河武士的子孙不同意萨摩藩长州藩在自己的领地附近建设铁路。也就是说藩阀之间某种固执的

1　旧时平民聚集生活的区域，多围绕着领主居住的"城"存在。

对抗意识也会对车站位置的确定产生很大影响。滨松站之前的中泉（现磐田）站，也因为见付的宿场反对而选择了南中泉一带。见付曾是远江国府所在地，有宿场，也不知道是不是因为传统意识中讨厌文明开化才会排斥车站。不过再想想，见付明治初年还建有西式风格的小学建筑，好像也不是上述的原因。

各地对铁路及车站的规避，有经济与政治上各种各样的原因。但是当铁路作为运输工具，它的功劳被大众认可之后，这样的规避也就逐渐销声匿迹了。同一时期，东海道线上三岛站（现御殿场线下土狩站）的选址开始有意识地靠近三岛市区，这是因为三岛宿场街区的人们为了让铁路车站可以建在自己生活的地方，发起过运动。

同一条线路的建设招来了两种完全相反的反应，或规避或欢迎，这一点实在是很有趣。这是由于对铁路运输功能的认识与应对的方式方法有差异造成的，这种差异成为决定车站位置的主要原因之一。

铁路给地方带来的利害

当然，建设方的经济条件及政治立场也会影响车站的选址，甚至可以说，这些条件才是决定车站位置最基本的因素。比如日本铁道的上野站，线路的测量工作完全由当时的工部省铁道局负责，从川口跨过荒川，进入赤羽，这段线路应该如何铺设，就是由铁道局长井上胜亲自实地考察后决定的。铁道路线从王子、田端这一带西边开始，沿着丘陵脚下延伸。这段丘陵应该是沿着绳文时代前期或中期，也就是距今 5000 年至 8000 年的海岸线绵延的，沿海岸线遗迹向南行进，最后结束于上野，留下了不忍池[1]这样一处旧时的入海口。

本乡台地起于北部，曾在南面的汤岛附近包围住入海口。到了江户时代初期，汤岛南面的台地被夷平，与神田明神丘陵之间的路段都被开拓成平地。从那时起，这里逐渐形成街区，后来铁路也铺了进来。为了取得在这一带铺设铁路的土地，建设方在迁移民宅上开销巨大。

于是，建设方决定在这段丘陵的末端，也就是上野建造终点站。上野台地之下是宽永寺的末寺，明治维新之后作为官有地归政府所有，如果要在这里建车站，获取土地使用权是比较容易

1　位于日本东京都台东区上野恩赐公园内的天然池塘。绳文时代是东京湾的海湾，之后海岸线不断扩展，逐渐变成湖。

的。地形和经济条件，再加上有明治维新中政府收取的寺庙土地这样的政治因素，上野的车站位置就被定下来了。

上野站虽然不是中间站，但是考虑到在决定车站位置过程中这一系列要素的叠加，可以说这是一个典型案例。

正如上述所说，在铁路运营初期，出现过居民排斥在自家附近设置车站的情况。另外，我们也了解到同时也有些地方希望车站建在自家附近。这种希望不光与当地的经济利益相关，有时候还与想要和中央地区联系在一起的"中央志向"有关。这种源自"中央志向"的动力，越到后来越强烈。

这样的趋势反映了在中央集权制度下地方的立场。当时日本的目标是提高自身在国际上的地位，与此并列的是国家层面上的一种上升志向，而个人出人头地的志向也与此同属一脉。自家的街区、村落可以通过铁路与中央相连，在这种意识的影响下，车站成为一种社会地位的标志与象征。后来，这一现象与议员们面对自己的选举区打出的拉票口号"我田引铁"[1]直接相关。野

1　从"二战"前持续至"二战"后的一种政治活动，因为铁路车站的有无直接关系到当地的经济走向，所以日本众议院议员在自己的选举区引入铁路以换取选民的选票。对此，有报刊记者不满地将其戏称为"我田引铁"。源于表示自私自利、只顾自己利好的日本谚语"我田引水"。

上弥生子在著作《迷路》中介绍了日丰本线的上臼杵站。那一带的站间距大体上都超过 3 公里，但是上臼杵站到臼杵站的距离只有 1.6 公里，非常短。日丰本线最初开通是在 1915 年 8 月 15 日，当时在下江站到臼杵站之间没有车站，两站相距 8.2 公里。在这样的情况下，1917 年 7 月 18 日，在靠近臼杵站的位置上设置了上臼杵站。

这样的例子不止一个。居民向中央靠拢的趋势最先由议员带头表现了出来，这种现象或许可以说是 20 世纪 10 年代政党政治体制的产物。

另一个铁路使用大户军队

时间回溯至 20 世纪初，当时设立铁路车站有很大一部分原因是军事需要。1877 年（明治十年）的西南战争以后，军部就注意到了铁路运输在军事上的作用。从那时起至日清战争[1]，军部开始积极要求政府将铁路用于军事目的。在日清战争之际，铺设了大崎站至大井站之间的短线路，连接起日本铁道山手线和官

1　即 1894 年爆发的中日甲午战争。

设铁道东海道线，在东海道线的神奈川站和程谷站（现在的保土谷站）之间也铺设了一条短线路。这都是为了避免在品川站和横滨站折返，让军用列车可以直接通过。横滨车站尽头式站台的问题，是由军部率先着手处理的。军部想通过这样的紧急方案来解决问题，不容旁人置喙。

当时的计划是从府县厅所在地，向师团、军港所在地铺设线路，这一计划方针明确写入了1892年（明治二十五年）出台的《铁路铺设法》中。假设一段已经开通的线路偏离军事据点，或是其附近没有车站的话，就会出现在据点附近修建车站的情况。

北越铁路（今信越本线）的羽生田站是1903年4月19日投入使用的。1897年至1898年，北越铁路将线路由沼垂延伸至长冈，也就是说，羽生田站是在线路开始运营后第六年开通的。当时加茂站到矢代田站的距离是11公里，途中没有设站。于是在离加茂站4.1公里的地方设置了羽生田站。这是因为在羽生田向东跨过大泽山道的村松町，有步兵第三〇连队[1]。村

1　日本军队作战单位之一，在旅团以下，大队以上，一般有3000人至3500人。

松是一处旧城下町，北越铁路没有就近修建铁路，线路迂回到很远。这样一来，村松与铁路无缘。但是在为日俄战争做准备的时候，考虑到军备扩张的需求，在村松布置了一个连队。由此，北越铁路便也有了在村松附近某处建车站的计划，这是在线路开通之时就有的想法。

羽生田站于 1903 年，也就是日俄开战的前一年投入使用。这是考虑到军队的调动加紧了车站的建设。

当然，这不是军队专用的车站，也承担普通的运输工作。但专门以军事运输为目的的车站是存在的，在北九州。

从北九州的门司（今门司港）经小仓去往福冈的线路是由九州铁道公司于 1891 年（明治二十四年）开通的。当时建设铁道线路和后来更改线路，都是与陆军协商之后决定的。1884 年 2 月 25 日发布的太政官公告中"因为要调查，与铁路铺设有关事项的处理方式应与陆军省商量"（《工部省记录》第三卷）为其法律依据。这一举措显示出军部对铁路的关注。陆军关于铁路的发言权逐步加强，当时的陆军在选择线路的时候第一注意的就是不要在海岸附近铺设铁路线。这是考虑到一旦战争爆发，敌军可能会登上陆地破坏铁路线，或者利用铁路线运送军队。不知是不是吸取了英美荷法四国联合舰队炮击下关并登陆的教训，陆军摆出了戒备敌军登陆的姿态。

军用车站

话说回来，在九州铁道公司建设门司站至小仓站间线路的时候，军部主张远离海岸线，然而九州铁道公司以施工费用增多为由，坚持沿海岸线铺设。但是这条不算正式线路，只有一个临时线路的名目，之后还是在山脚下铺设了线路。只是一旦投入使用，线路就不是那么容易改变的了，如果之后再重新铺设，费用就会上涨。于是，九州铁道公司在1899年向政府提出申请，希望将其作为正式线路使用。

但是，根据上一节所说的规定，这份申请被转给了陆军省。陆军省认可了九州铁路公司的申请，但是像交换似的提出了一个条件，就是要求公司在小仓南边建一座军用车站。本来，这是不合常理的操作。抓着铁路公司的弱点，陆军不打算出钱却想要收获成果，实在是很狡猾的手段。这让公司一筹莫展。但公司又是自己请求将临时线路转为正式线路的，即便没有这回事，在当时那个官尊民卑风气强盛的年代，要想拒绝上头的要求也是非常困难的。尽管这样一来反过来还要增加资金的投入，但这也是没办法的事。

陆军所期望的车站规模，简直是天方夜谭般庞大。为了运送各师团及旅团，陆军要求车站要能每隔一个小时开出一趟列车。一个师团由四个步兵连队，一个或三个骑兵连队，一个或四个炮兵连队，一个工兵大队和一个辎重兵大队组成，士兵人数超过 15000 人（步兵一个旅团由两个连队组成）。用铁路运输这么大规模的兵力，最少需要 30 节列车。更何况，这些列车并不是单用作客车或是单搭载兵器、弹药，装载马匹，而是需要兼有客运与货运列车两者的功能。

这种复杂构造是军用列车的特征。士兵的乘降与装卸马匹、弹药都需要花费很多时间。就当时的技术来说，为了可以每隔一个小时发一趟车，应该也是拼尽了全力。无论如何，要进行这样一项工作，需要配齐以下这些设施：有效长度为 700 英尺（约213.5 米）以上的车辆滞留线路 6 条、机车回送线路 1 条，以及机车滞留、检修时需要的设备、转车台、给水设备、煤台和煤炭储藏处。陆军下令要求配齐这一系列设施，而配齐这些需要的场地面积高达 35000 坪（约 115700 平方米）。

九州铁道不得不开始建设这样的工程。车站的位置选在了小仓市足立中学、小仓北消防署、小仓税务署、小仓电话局和福冈县残障人士训练学校附近。为了进站需要，在现东小仓站以南的富野建立了信号所，然后列车由本线驶离进入这里。车站的名字被定为"足立"。从足立驶出的铁道线路，与从小仓站到行桥站的丰州线（现日丰本线）在现在的白银、东篠崎附近相连。继续行进的话，就会驶往小仓方向。当时的本线是从小仓发车沿着现在的日丰本线行进，在现九州牙科大学附近向西转弯，被称作大藏线。军用线则是在现南小仓附近与丰州线分离后向西行进，在九州牙科大学附近与大藏线合流。

这条军用线于 1903 年 1 月 1 日获得开通执照，与羽生田站同年，都是日俄开战的前一年。但是当时，这座车站并没有彻底完工。足立车站竣工是在 1904 年 2 月 12 日，即对俄宣战的两天之后。

该线路很快开始运送当时位于小仓的第十二师团，据说用了大约一周时间结束了师团兵力的运输工作。这之后因为调动的士兵全部运送完毕，这处车站也就没有了用处。当然这里还可以用来运送伤病员，但是因为离小仓的陆军预备医院也不近，于

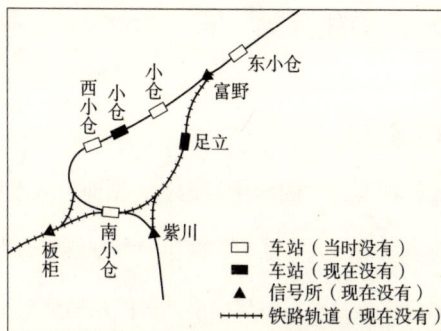

是，在富野信号所和足立车站的中间又建立了一个临时车站，在那里停放运送伤病员的列车。足立车站在这种时候，依旧派不上用场。直到日俄战争结束，这座车站几乎没有存在感。战争结束后，这里就更加没有使用价值了。与九州铁道的国有化同步，这处线路也由国铁接手，但对国铁来说这里也像是多余的地方。1916 年（大正五年）6 月，这处军用线及其车站都被废弃，随后铁路轨道也被拆除，足立车站则作为一个广场留了下来，据说站台一直被保存到很久之后。

像这样没有什么确定的计划，就在军部的命令下建设的军用线以及军用车站，几乎可以当作揭露日本军部特征的"标本"来看待。

货运车站与铁水联运车站

货运车站的建立

上文我们主要关注的都是客运站，下面再来看看货运站。新桥站旁的汐留站与大阪站旁的梅田站都是典型的货运站。还有许多像神户站旁的凑川站与横滨站旁的东横滨站这样现在已经废弃了的旧车站。大城市里建起了与客运站相匹敌的货运站。像东京市场站、大阪市场站这样的车站，是直接与生鲜食物市场相连的市场车站，名古屋港站则是直接与海港相连的港口车站。近年，这些车站都在逐步消失。它们都可以被归入城市货运站的范围，是不接待旅客的货物专用车站。最近，又出现了一些更大规模的车站，例如东京货运终端站与大阪货运终端站，这些车站直接把"终端"这样的词放入了车站名称。另外，在东海道本线鹤见站至小田原站区间，建起了如湘南货运站、相模货运站和西湘货运站这样的货运车站。这些在站名中放入"货运"字眼的车站作为中间车站，通过收集到这一站为止的各站的货物与货运终端相连通。

货运站也各有其历史，这些历史因它们不接待旅客而别有特色。这里面就涉及"客货分离"现象。通过这个现象，我们先来回顾一下货运站成立的历史。

车站的业务包括旅客的乘降和货物的装卸与集配两种。也就是说，通常可以把旅客与货物一分为二来考虑车站服务的对象。

说起车站就认为会兼顾客运与货运两种业务，这种想法是属于从前的。那个年代，无论是主干线还是地方线，车站内的中心建筑都会与货运的出入口相连，从那里起又有与带货物棚的货物装卸场相连的广场，这算典型的车站模式。即便大小有别，但是只有像这样兼顾客运与货运、从铁道运营角度来说可以进行"一般运输营业"的车站才被视为典型的车站。

但是近年来，随着货物运输向集约型发展，中间车站的货运服务急剧减少。即便是地方线，也受到汽车运输量增长的影响，许多车站停止了货运服务。虽然这也可以视作铁路货运量连年低下这一现象带来的结果，但是从货运车站的集约型趋势来看，无疑可以通过集约来积极实现提高货运效率的目的。

毋庸置疑，近年来货运车站的减少是一个非常显著的现象。

但是，在这个现象出现之前，车站就曾有过客货分离现象。客货分离主要发生在城市及其周边的车站。随着运输需求的增长，客运分离可以说是一个必然的结果，更何况从货运的特征来看，这种做法可以说效果显著。

客货分离的诞生

将煤矿车站这种专门运送特定货物的货运车站另作他论的话，日本最早设立的仅供货物运输的车站是日本铁道的秋叶原车站。关于秋叶原车站的历史，这里不细讲。但是，在东京都中心，特别是在能够与河道相连的地方设立专门的货运车站，可以说是独具慧眼的一项举措，提高了去往东北、信越地区的货运效率。

但是秋叶原的情况，与这里要说的客货分离在形成原因上有稍许不同。这里要说的客货分离，是因集中到城市的货物数量剧增，在以往的车站里无法拾掇停当而出现的现象。另外，日俄战争以来，这种状况主要是在东京、大阪、名古屋等大城市出现并发展起来的。

从这种意义上来说，1896 年（明治二十九年）开通的隅田川车站，或许也可以说是客运分离史上的一个例外。由于秋叶原与隅田川在铁水联运上的优势，从很早之前此地就开始设立货运专用车站，发挥了这一优势。在提高运输效率方面，它们起到了带头作用。在这层意义上，当时日本铁道株式会社有关负责人的远见卓识值得称道。

另外，西成铁道的安治川口很早就有这样的站点。对于这个车站来说，或许上述条件亦可成立。但是考虑到西成铁道投入运营之前安治川口就开通了国家铺设的铁道，这里与秋叶原和隅田川的情况还是大为不同。

话说回来，说到典型的客货分离车站，不得不提汐留站。如今我们在罗列大城市主要车站的时候，是否可以按照新桥站—汐留站、名古屋站—笹岛站、大阪站—梅田站、神户站—凑川站这样的组合方式来考虑客运站和邻近货运站的关系呢？先不论第二次世界大战之后设置的货运站，至少在第一次世界大战时设置的大城市货运站中，有很多上述这样客货车站成对出现的例子。

这些货运站当中，汐留站也可以被看作是在客运与货运方面领时代风气之先的例子。如前文所述，汐留站就是旧时的新桥站。也就是说，这是建成于 1872 年 10 月 14 日（明治五年九月十二日）的东京终点站的后身。这座车站的货运服务开始于建成翌年的 9 月 13 日，是车站投入使用之后的第十一个月。

在那之后，这座新桥站作为服务于旅客与货物双方的车站，设施逐步完善。这处车站的选址，就铁水联运上来说也十分方便。另外，它在投入使用后不久，就建起了临时的铁路宿舍，供包括外国员工在内的铁路相关职员留宿，当然也配有供机车、客车停泊检修的设施。如此看来，或许可以认为这里配备的设施与其铁路业务运营中心的地位相当。

在这一点上，神户作为西部枢纽情况相同。也就是说，作为交通中枢，它将重心放在了通过集中与业务运营相关的设施来提升效率这一方面。

但是，随着首都东京规模不断扩大，人口增加、城区扩大，生产与消费两方面蓬勃发展，对交通、物流方面的需求也在不断增加，城市中枢车站的作用愈发重要，自不待言。

尤其是日俄战争之后，新桥站的货物量曾因经济不景气一度下滑，但是就整体而言，始终保持了增长的趋势。当然，这样的增长趋势也会要求车站扩大设施规模。但是因为占地面积有限，又处于城市中心，没有可能扩大车站规模，也就没有办法扩大货运设施的规模。

在这种时候，新桥站就开始考虑转移客运设施，以实现客货分离。

原本，随着丸之内成为东京中心，作为客运中枢的新桥站就出现了与城市活动中心脱节的危险。1889 年（明治二十二年）后，东京市区改造委员会成立，城市改造的问题作为现实性计划提上议程。此时，交通管理机构也毫无疑问地成为城市改造中的重要部门。建设贯穿东京中心的高速交通路线被列入计划。

这一计划，是将南来的东海道线与北来的日本铁道公司线连通并贯穿东京中心。由于这一计划的存在，当时的政府办公室与企业开始聚集于丸之内一带。于是改造委员会开始规划将旅客专用的中央车站建设在丸之内，作为贯穿南北的纵贯干线中枢车站。

由这份计划我们可以看到，寻求客货分离的项目方案，是在东京城市改造计划中应运而生的。由于备战日俄战争，财政压力加剧，这份计划迟迟未能付诸实施。但是日俄战争结束之后，城市改造又跃升为紧急课题，1906 年（明治三十九年），在新永间建设事务所的操办下，工地开工。

新永间建设事务所的名字取自芝新钱座至永乐町这一施工区间，是近代交通建设事业的先驱。在东京站南北向旅客通道的横梁上，至今挂有"明治四十一年 川崎制造所"标牌，可谓去日留痕。

1909 年，穿过施工中的中央车站向北，有一处吴服桥临时车站。山手线电车会从上野起步绕过新宿，一直行驶到此处。在当时新桥站的旁边，乌森站也开通了。

1914 年 12 月 20 日，中央车站作为东京站开通，长年来客货分离的愿望终于成为现实。

汐留站的设置

在 1909 年 12 月乌森站建好的前后，新桥货运站也建好了。同一个空间内的客货服务，制度上已经分离了（日本国有铁道《铁道技术发展史》第二编设施 II）。但是这个时候，客车还是在新桥站完成发车和到达的。所以很显然，这时候还没有实现完全的客货分离。

真正的客货分离要到1914年12月20日东京站开通才算实现。但是，当时"站内设施维持旧新桥站状态不变，只是不再涉及旅客事务，供旅客使用的建筑空置，还停放了大部分的客车，站内的秩序非常混乱"（《七十年抄录》）。

据这本书所说，当时站内有如下机构：中部铁道管理局、新桥检修车间、经理课本仓库、新桥运输事务所、新桥保线事务所、新桥通信区、新桥保线区、东京机车库分库、东京检车场派出、御料车库、客车库等。

这样看来，可以说旧新桥时代的配置保持不变，东京各个领域的机构都集中在此。如果就这样的话，随着各方对货物专用车站的需求日益增加，难以指望这样的车站可以充分发挥功能。于是，就有了将这些机构和设施转移到效率更高的地方去的需求。

关于检修车间用地，站方此时已经在大井拿到了一块大面积土地，于是转移计划开始进行。当时，对于检修来说，新桥检修车间已显狭窄。于是，趁这个机会一举实现转移，对于检修车间来说也是必要之事。

据《七十年抄录》记载，站内配线于1916年5月1日至22

日完成变更，旧东海道本线的站台变为货物装卸场。

在配线变更之前，同年二月，东京机车库（1936 年 9 月 1 日，"库"变为"区"）分库停止使用。东京、品川两处机车库开始停放在东海道本线上运行的机车。已经没有将机车停放在汐留站站内的必要了。另外，据这本书介绍，同年 4 月 19 日转车台也开始进入改造。

据《铁道技术发展史》介绍，为了强化铁水联运设施，汐留川与运河沿岸开始铺设新的装卸线，又设置了多台由蒸汽动力牵引的埠头吊车和货运列车转车台。因为当时车钩不能自动连接，为了让车钩的弹簧对准连接处，有必要调整货运列车的方向，这些转车台就是为此设置的。

在 1917 年（大正六年）9 月，新添了一台 3 吨龙门吊车，翌年又增加了更换货运列车用的绞车。就这样，设备逐步完善起来。1917 年 10 月，中部铁道管理局（这一机构 1908 年 12 月 5 日改称中部铁道管理局，1913 年 5 月 5 日改称东京铁道管理局，1915 年 6 月 23 日又改回中部铁道管理局，几度易名，最后于 1919 年 5 月 1 日复名东京铁道管理局）被移到东京站。新桥站由开通时的铁道综合设施加速转变为纯粹的货运车站。随着第一次世界大战的形势变化，战时经济效益急速上升，车站的进出货物数量也随之急速攀升。《七十年抄录》中记载的发出与到达货物量，如下表所示。

	发　车	到　达
1913 年（大正二年）	248931 吨	499375 吨
1914 年（大正三年）	237248 吨	457377 吨
1915 年（大正四年）	277786 吨	494035 吨
1916 年（大正五年）	419212 吨	745829 吨
1922 年（大正十一年）	464274 吨	877981 吨
1923 年（大正十二年）	329564 吨	762424 吨
1924 年（大正十三年）	405327 吨	914490 吨
1927 年（昭和二年）	416481 吨	1350392 吨
1932 年（昭和七年）	360916 吨	855173 吨
1937 年（昭和十二年）	525467 吨	1317759 吨
1942 年（昭和十七年）	287662 吨	637799 吨

关于货运站的构造，之后会详述。由于运输规模的增大而推进的客货分离现象，催生了大型货运车站。

此外还有一个不同的视角，异于旅客、货物这样基于服务对象的分离，那就是关于铁水联运站的问题。我们接下来考虑一下这个问题。

临港线和货运站

毫无疑问，铁路运输是以在陆地上搬运人与货物为物理性前提的。但是在运输产业当中，依靠河流与海洋的水运也占了很大的比重。另外，水上运输和陆上运输经常有着很深的关系。就货运来说，货物的发货人与收件人都在陆地上，从发货到港口和从港口到收货人，运输的两端都必须依靠陆上运输手段。

所以，在港口设置一些可以临时存放货物的仓库，以这个仓库为中转点，陆运及水运可以各自承担一件货物不同的运输阶段。在铁路出现之前，陆运除了人力以外，还要依靠马匹与车辆来分担运输量。随着工业革命的推进，运输产业开始要求陆上运输能力与船只运输能力相匹配。可以说就是从满足这样的要求开始，铁路进入实用化。回顾18世纪至19世纪英国工业革命的进程，尤其是考虑到连接殖民地与本土的船舶，我们可以想见在原料和产品的运输方面，铁路作为运输手段是如何被期待具备与船舶相应的运输能力的。

这样一来，即便是不考虑水运，通过铁路这一运输手段获得的经济效益也是巨大的。在工业革命如火如荼的英国，就追求铁路与水运运输能力相当这一点来说，可知人们对铁路的期待是何等之大。

那之后，在铁路的发展过程中，铁路就开始作为铁水联运这种运输手段的一部分肩负起重要的使命。事例不胜枚举。不光是在欧洲与美洲，在当时欧洲各国位于亚非的那些殖民地上，都出现了同样的发展趋势。

例如当时的缅甸、马来西亚、荷属东印度（印度尼西亚）和法属印度支那（越南、老挝、柬埔寨）。即便是当时处于半殖民地状态下的中国，也在上海至吴淞间修筑了第一条铁路。

从英国引入技术及资金的日本，首先在横滨至东京，其次在神户至大阪间开通铁路，这一系列变化尤其值得我们关注。

无须赘言，日本与亚洲其他地方不同，没有成为殖民地或半殖民地的历史。但是在19世纪60年代至70年代，也就是明治维新前后，从打开国门到新政府成立的这一段时间里，日本没有关税自主权，是欧美诸国经由治外法权显著加强贸易与外交主导权的时期。从幕末时期开始，外国人制订了几次铁路建设计划表，虽然也先后提交给了幕府与明治政府，但是在横滨至江户（东京）与神户至大阪间都采取了殖民地式的线路方案。

这里所说的殖民地式，就像刚才所说的那样，是一方面在本国建设将港口与工业区或市场连在一起的铁道线路，另一方面在殖民地也建设连接原材料产地、市场与港口的铁道线路的做法。也就是说，以水运为媒介同时在本国与殖民地这两端建设铁路，是当时铁路建设规划的一种常规样式。欧美诸国发现日本在茶叶和生丝等商品的贸易上存在利用价值，基于这种价值，将当时的日本定位为贸易对象国。这种地位归根到底是欧美优势的一种体现。

所以，日本铁路在建设之初，也可以被归类为"殖民地式"。但是，由于英国驻日公使帕克斯（Harry Parkes）的劝导，加上当时明治政府中开明官僚大隈重信与伊藤博文对此事的考量，最后决定这种连接港口与市场的铁路与其作为支线，不如建设为各自港口连接东京、京阪的铁路干线。就这一点来说，日本的铁路应该不是简单以"殖民地式"完结的，而是把握住了可以独立取得进步的良机。当时殖民地、半殖民地的铁路与日本铁路之间的差异，就从这里凸显出来。

总而言之，日本的其他铁路也与京滨区间及阪神区间一样，自开通时起就作为连接港口和市场的线路发挥功能，履行使命。

也就是说，日本的铁路是从港口，特别是从通商口岸与相邻的城市（市场）之间，通过铁水联运运输旅客或货物起步的。尤其是在神户，早在1876年（明治九年），就开始建设大型栈桥（全长137.2米，铁制），接入铁道线路，直接建成了铁水联运设施。这条线路可以算得上是日本最早的铁水联运线路吧。

初期的临港线

现在，临港线是由城市主要车站及调度场至港口码头的线路名称。神户栈桥是作为神户站内的侧线建设起来的，可以视作站内配线之一。从这个意义上来说，最初的临港线是从大阪到安治川的，也就是所谓的安治川支线。

安治川支线，是由大阪起向西分岔，直抵安治川北岸的线路，延长段为1英里60英尺长（约2.8公里），于1875年（明治八年）开通运行。这条支线的主要意义是经由安治川接手大阪港的货物运输，就这一点而言，可以认为它是最初的临港线。当然，这里也承担客运业务。近世以来，大阪港作为沿海航线的重要港口，装卸了大量货物。因此，这条支线作为临港线也发挥了重要作用。

但是，这条支线在两年后的1877年12月1日停止运营。据

《日本铁道史》（上编）所述："因旅客人数日益减少，且货物运输有水路承担，故不再需要列车运输。"如果将这一理由视作事实，那么可以推断当时安治川、尻无川之类贯穿大阪街区的河流承担了巨大的货运量，而要将其转移至铁路运输的话，后者的货运能力尚未跟上。

在私营铁路西成铁道的经营下，这条支线于1898年（明治三十一年）重新投入使用，之后就是众所周知的被收归国有成为西成线了。

在这一阶段，可以说铁路的铁水联运线及临港线还没有完全发挥功能。但是，当各地都开始建设铁路后，这样的线路逐步充实，得以发挥重要作用。

这样一来，临港线与干线同步建设，逐渐普及。比如，长滨至敦贺区间（1884年全面通车）的长滨站和敦贺（金崎）站，前者衔接琵琶湖水运，后者衔接日本海沿岸航线，两处车站皆作为重要的联运站投入使用。当时，从北陆[1]到京阪地区的货物，大多需要通过日本海沿岸航线先在敦贺上岸，再通过琵琶湖水运

1　包括今天的新潟、富山、石川、福井四县。

被送至大津。北陆本线的规划开始于 1869 年（明治二年），当时只是将以上路线稍加延长。等水运与水运之间由铁路负责翻山越岭之后，这条线路就背起了改善运输的使命。

于是，两端的车站也就自然而然地成为铁水联运站，这算是必然的发展结果。

此后，为了推进中山道干线的建设工程，建设材料运输线也被提上了议程。尤其是在中山道干线的建设过程中，要把建筑材料从东京、名古屋直接运输至中部山岳地带比较困难，特别是由东京运来的材料会在半道受到碓冰山口[1]的阻碍，因此才有了上述计划。

由于这个原因，直江津到轻井泽之间开始建设铁路，目的是让材料在直江津上岸之后，从这里由铁路运输至中山道干线。这条线路在干线完成之后不久，作为干线的一部分，也作为日本最初的本土横断线，两边发挥功效、承担使命。正是所谓的一石二鸟。

1886 年（明治十九年）8 月 15 日，当时作为渔港、避难港开放的直江津，开始建设临港铁路设施，建筑材料开始被运送上

1　位于日本群马县安中市松井田町和长野县北佐久郡轻井泽町交界处，标高约 960 米。

岸并开启陆上运输。

与直江津发挥同样作用的是武丰。武丰站的开通比直江津站还要早，是在 1886 年 3 月 1 日。作为另一条中山道干线工程物资的运输路线，武丰站至大垣站路段的建设同样已被列入计划（1885 年 3 月），随后这条支线开始了施工建设。

当时伊势湾港口众多，是连接关东与关西的航线中转点。武丰一地是为何被选中的呢？在 1885 年（明治十八年）3 月 23 日井上胜铁道局长给工部卿的报告中写有以下内容。

　　此处材料主要指由铁路和海上运来的物品，从神户港运至大津，于琵琶湖上船后再从长滨经大垣运输，极尽迂回曲折。因为施工实属艰辛，故须避免运输劳顿，欲将干线铺设于海岸沿线……然而于垂井至四日市间实测线路后，知此线地形不适合铺设铁路，施工将会非常困难，与预期相反。反复考察后，干线材料的运输之便只有寄希望于尾州半田港……就一般运输上的利害关系而言，四日市与半田两港的优劣姑且不论，搬运铁路建设材料一事上亦无高低之分，然而从

垂井搬运材料至四日市时，若大垣岐阜间诸川及木曾

川上巨大的桥梁未能竣工，就难以运输，而从名古屋

至半田则可直接从木曾川东侧发车，二者便捷程度不

可同日而语。(《日本铁道史》上编)

基于以上经济比较，井上铁道局长决定启用半田港，工部省同意。于是武丰线开始施工。

直江津站和武丰站作为材料上岸的据点，开始投入使用。但是这样的车站构造非常简单。就直江津站而言，作为临港设施，直江津站（不同于现在的位置）在荒川沿岸建起一条沿河至海岸约1公里的侧线，用于搬运工程物资。武丰站则是在海岸上修了一条长145.5米、宽5.5米的木制栈桥，用来将货物搬运上岸。总之，这两处车站及其铁水联运设施都极其简单。

铁水联运设施的普及

初期铁水联运设施的构造都是极其简单的。直江津站与武丰站的设施，是为了将建筑材料卸到岸上而建的，可以认为是因临时使用，所以比较简陋。

　　但是，随着各条线路的建设不断推进，全国各地都开始建设临港线及铁水联运设施。比如，日本铁道就在着手将线路延长至仙台的时候，改变了计划。原本线路是从福岛到仙台再延长至野蒜，后来野蒜被改为盐釜，建筑材料可以在盐釜上岸，由北开始施工。

　　在这里，盐釜与直江津、武丰发挥着相同的作用。当这条线路被延长至青森后，青森站不仅仅拥有将建筑材料卸货上岸这一功能，还发挥着与北海道之间的客、货运铁水联运站的作用。

　　1873年（明治六年）之后，青森与函馆之间开始定期有民间船只往返。1874年开拓使为了方便乘客，增加了船只运行班次。这条航线后来由三菱公司和日本邮船公司接手，在青森港不断发挥着重要作用。于是，日本铁道公司把终点站选在了这里。当初的设施很简单，只有本线两条、设有机车库与转车台的侧线三条、货运侧线两条及货运列车转车台一处。当然，在服务旅客及运送货物方面，这个车站的定位是青森与函馆间航线的联运站，客运量及货运量年年呈增长趋势。

　　相同的情况也出现在建设山阳铁路的过程中。至广岛站的山阳铁路于1894年（明治二十七年）6月10日开通，此时日清战争即将爆发。6月12日，混成旅团[1]的先头部队到达仁川。6月5日设立大本营后，军方持续不断地征调兵力，至8月1日宣布开战。4月，从广岛站到宇品站的军用线临时铺设工程启动。7月的时候，应陆军省要求，为了运送调来的军队，山阳铁道公司开始建设广岛至宇品3英里46链[2]（约5.7公里）的军用线。

当时，军部也制订了用国内的铁路运送兵力的计划。日清战争前夕，才通车的广岛站被定为兵员集合地及登船地。这条军用线于8月2日完工，随即投入使用，作为自广岛站到宇品港的临港线，在日清战争中发挥了重要的作用。

1898年（明治三十一年），山阳铁路被延长至德山，德山成为本州与九州的铁水联运站；1901年5月27日进一步通车至赤间关站（即后来的下关站）后，赤间关站成为联运站。

作为本州西端的港口，下关与北边的青森并肩，很早就占据了重要地位。不单单是联系九州这一层意义，之后下关站还成了联通亚洲大陆的国际运输线路上的重要据点。这样看来，作为

---

1 日军的一种旅团级部队编制。不隶属某个师团，执行独立的战斗任务，多为守备部队，配备轻便步兵武器。

2 英制长度单位，1链约合20.1米。——编者注

联运站的下关站从一开始就受到了重视。由于被委以联通九州的重任，开通之初山阳铁道在下关站就设有货物存放处、货物仓库和货物装卸场，备齐了一套联运站应有的设施，此后在日俄战争期间，又进一步进行扩充。1904 年（明治三十七年）4 月，日俄战争开始两个月之后，这里又兼营下关至釜山的往来运输，1905 年 9 月 11 日，日俄战争一结束，山阳汽船公司就开启了联络船运输业务。

这样一来，随着运输范围的扩大，下关的联运设施也在不断扩张充实。

市民生活与车站

目黑站

夕阳逼近行人坂[1]将山坡切断，目黑车站伸入大崎村内的是一段狭长的斜坡地。仰头看那两侧的崖壁，

1　东京目黑区下目黑与品川区上大崎之间的坡道，长 150 米，平均坡度达 15.6%。

芒草与野荻像拂过列车窗户般郁郁丛生，大蓟、鸭跖
草、小舌紫菀和野豌豆的花像是刚睡醒似的，烂漫缤
纷地开成一片。

这是白柳秀湖《站夫日记》开头部分的一节。这部作品发
表于 1907 年 12 月，刊登在《新小说》杂志上。此时，目黑站所
属的日本铁道已经国有化，目黑站属于日本线中的品川线（法律
上线路名称与日本铁道时代相同，在 1909 年 10 月 12 日更名为
山手线）。不过秀湖还将其作为日铁时代的目黑站来看待。

目黑站位于当时的东京府荏原郡大崎村上大崎。下了权之
助坂，在目黑川边就是目黑站。有传言说，建设线路的时候，
从品川起经过目黑川的河谷去往涩谷村的话，台阶坡度过大，
所以选择了经五反田去往上大崎台地的路线。此外，也有传
闻说是上大崎发起了引入铁路的活动。这两种说法都不属
实。这部小说非常准确地写出了当时目黑站的位置，也就是
位于现在杉野学园和雅叙园附近的行人坂和权之助坂上一块
削平了的地方。因为有了这样的路线，所以削平了台地供其
通行。

　　　　山手线是条单线，客运量非常小，我们的工作没
有外界看起来那么忙碌。

　　如前所述，虽然线路名称还没有正式改成"山手线"，但一
般情况下已被视为通称。

　　这部作品描写的是在目黑站工作的职员的日常。列车大约
一小时一班，对比现在的山手线，其班次之少简直无法想象。
即便如此，主人公还是作为"站夫"见识了各种各样的乘客。
"每天早上，有位20岁左右的青年用到新宿去的月票去某美术
学校上学"，站夫对此人表示羡慕。这说明当时就有年轻人靠铁
路上下学。也有从目黑去往高田村女校的女学生，站夫对她怀
揣着希望渺茫的爱意。站夫还有过制止想纵身跃上即将发车的
列车的男士，却反被猛地推开的经历。那位男士是帝国大学毕
业的工学学士，是东京市街铁路的技术人员。赶来医治受了伤
的站夫的是在美术学校上学的青年的父亲，他是一位退役陆军
军医，"搬至目黑三田村，想要安度晚年"。他与站长因为都热
爱谣曲而交好。

　　这里的站长，是一位"情趣高雅，风流倜傥，埋头于这份

工作堪称可惜的男人"。他会做用未曾上釉的陶器去接崖边顺着竹槽流下的清泉、再用柄勺舀取泉水这样的雅事，在这一带很有声望，口碑很好，"爱好谣曲，一有闲暇，公司宿舍的黑板围墙内就会传出吟诵谣曲的声音"。

小说中还有一个角色，是站夫被工学学士推开后把工学学士撂倒的工头。这位工头在东京专门学校（后来的早稻田大学）学习文学后放弃继承家业，来日本铁道工作，之后在 1901 年日本铁道罢工潮中成为工人组织的代表。在将单线改造为复线的工程中，他担任工头，来此赴任。此外，小说中还描写了聚集在车站的看管孩子的"阿姨"，她们中年纪最小的才十四五岁，还有靠母亲卖纳豆维持生计的少年。当然这里的车站也和别处一样，停了很多人力车。

在东京郊外的小车站来来去去的人们和在这个车站工作的人都出现在了小说中。站夫自己主要负责在发车的时候封锁站台，在列车到站的时候喊着"目黑、目黑"为客车开锁、放行乘客。当时这一带还没有被城市化浪潮席卷，但是周边建了很多供退役军人隐居的住宅，成为很多私生女与奶妈一起生活的孤独冷清的住宅区。少年的母亲每天早上在麻布十番进一批纳豆，然后去白金一带出售。这是不是说明白金附近正逐渐形成住宅区？渐渐地，有人从很远的地方赶来目黑车站坐车，不光是目黑，还有涩谷、目白，这条线路沿线各站，都呈现这样的趋势。

复线改造工程的启动，就是为了应对这样一片地区的变化，解决乘客增加的问题。车站随后也增加了。开通之初，出了品川站之后，就只有目黑、涩谷、新宿、目白、板桥这些车站（1885年3月1日，但是目黑站投入使用是同年的3月16日）。1901年2月25日增加大崎站，1903年4月1日增加池袋站（由于丰岛线池袋站至田端站通车，因此大冢站与巢鸭站也同时投入使用了）。在这部小说的时代背景中，与复线改造工程同步，增设了几处车站：1906年10月20日惠比寿站，同年同月23日代代木站，同年同月30日原宿站。

1907年，目黑站一年的乘降人数是363843人，涩谷站是341582人，目白站是267222人，这三个车站的规模可以说是同一层次的。当时池袋站是93674人，在日本线中，与郡山、盛冈站的客流量在同一级别。新宿站则超群拔类，乘降人数高达2587873人，不愧是连接中央东线（后来的中央本线）的中转站。就乘降人数这一点来说，不是中转站的目黑几乎表现出

了与涩谷和目白相当的水准。中央东线的千驮谷站是 337102
人，代代木站是 521105 人，也与上述车站规模相当。

　　非常笼统地概括一下的话，可以说城市近郊车站一年内的
乘降人数在 30 万到 50 万人。

　　5 年前也就是 1902 年，目黑站的乘降人数是 152319 人，涩
谷站是 277046 人，目白站是 124093 人。新宿站日本铁道与甲武
铁道合计共 728402 人，千驮谷站和代代木站当时还没有开通，
无法比较。从信浓町站来看，1902 年的时候是 555636 人，1907
年的时候是 583170 人，并没有增加很多。这其中有两种可能，
一是当时周边街区化水平逐渐稳定，二是城市有轨电车通车，人
们对铁路的依赖性随之下降。但是，就是在这种情况下，大久保
站却出现异常增幅，年乘降人数由 48158 人增加到 756995 人。

街区化浪潮

　　这或许是受淀桥到柏木附近逐渐街区化的影响。在夏目漱
石的《三四郎》中，三四郎前往东京帝国大学理科大学助手野
野宫的住所拜访，关于地址有这样一段描写："走出大久保车站，
三四郎不走从仲百人通前往户山学校的路，而是过了平交道直接

转弯，走进一条三尺宽的小巷。沿小巷慢慢上斜坡，有一处稀疏的孟宗竹丛，竹丛前后各有一户人家，野野宫家就是近处的这一户。"厨房的旁边有树篱，院子里没有隔断，长着高高的萩草。这样的环境，正是所谓新开发的住宅区了吧。反过来看，从户山学校一带开始的街区化，应该也推进到这一块了。

那天晚上，一位住在附近的女子跳轨自杀，除了跟在看上去是大久保站站员的人身后的三四郎，还有一户邻居也走出家门。虽然夏目漱石没有提那户邻居是不是每日去市中心上班的工薪阶层，但我们可以从中看出当时已经有了这样的邻里关系。

这个自杀情节有原型。《三四郎》于 1908 年 9 月开始连载，同年 6 月 23 日的《东京日日新闻》中曾报道过一位女性自杀的消息。来自练马的她 23 岁，在上落合住家工作，因为晚上有尿床的毛病被主人家嫌弃，内心苦闷，于 4 月 6 日在中野企图自杀，被铁路防护员救起。但是"其后旧疾未愈，于前天夜间八时左右，跑出主人家，昨日零点在淀桥字柏木看到有去往八王子方向的货运列车驶来，遂跃入铁轨，终至胴体断为两截，当场死亡"。从被火车截断这一点来看，可以推测夏目漱石应该是从别人那里听说了这件事，以此为灵感进行了创作。随着城市化的发展，在这个地区不仅居住着从早年起就住在落合的人，还有在落合住家工作的近郊农村的姑娘，以及从东京市中心搬来的人，从小说中可以很明显地看出这里错综复杂的情况［这件事我曾在《市民生活与山手线》中提及（《写真集 山手线》，1980），这里再记录一次］。大久保站客流量增加一事是这部小说的重要背景。

位于城市近郊的车站被街区化浪潮吞没，不过是早晚的事。这在大阪也是一样。现在作为大阪环状线一部分的天王寺站至大阪站区间，当初在大阪铁道公司建设完工时，几乎就是大阪市区的东侧界线。天王寺站于 1889 年 5 月 14 日开通，当时周围还都是水田。同年 4 月 1 日，启用市这一行政单位，由此大阪市南区被并入大阪市，但是依旧能看到东城郡天王寺村时代留下的痕迹。1895 年 10 月 17 日，天王寺站与大阪站之间的线路全部开通，在此前后，城市的街区向东扩展。与东京山手线一样，这条线路（国有化之后的城东线）的各个车站也成了街区里的车站。

比较一下 1902 年与 1907 年各站的乘降人数，可以发现每个车站都呈现显著增长，街区化的影响也凸显出来。尤其是天王寺站，在这几个车站中开始发挥始发终到站的作用。

	1902 年	1907 年
天王寺	469977	1234510
桃 谷	94547	285745
玉 造	238415	507730
京 桥	152189	340266
樱之宫	132294	221107
天 满	260620	480689

数据来源：《铁道局年报》。1907 年的数字是铁道国有化前后的数字总和

大量化现象的先行者

由此看来，从日俄战争至第一次世界大战前后这段时间，资本主义的高度发展带来的影响不容忽视。人口向城市集中的情况早已出现，但是人与物的流动带动了城市与城市、城市与农村、城市与近郊，还有产地与市场、加工地的发展，这些地方的城市结构越来越复杂，规模也越来越庞大。车站需要根据这些变

化逐步改变自己的形态。

这种发展动向就是所谓的大量化现象。

资本主义的高度发展带来的大量化现象，渗透至社会的各个角落，而车站总会在第一时间领略这一发展趋势带来的变化。

也就是说，作为大规模人流集散地的车站已经开始体验近代社会中个人的"不特定多数化"现象。自新桥站至横滨站的铁路通车以来，铁路这一近代交通工具就是以实现"不特定多数化"为特点的。自首次通车起未满半个世纪，以城市地区为首，就开始呈现出典型的大量化现象。

毋庸赘言，这一倾向会导致运输对象个体的去个性化。普通车票这种不记名的有价证券保证了个体移动的权利，但是车票上除了票号以外没有任何带个体特点的标识。记名的月票虽然实现了个体的需求，但是就移动权利来说，这种限定乘车人的方式也有不足之处。在乘车高峰时间，人潮涌向检票口，要确认持票人是否为本人大概是很困难的。检票员只能通过出示车票者的姿势、举动，尤其是他们的神情来判断。这些都是使用记名车票这种乘车方式在检票时带有的局限性。

去个性化的过程也会反映人们各自的生存状态，但在日常的通勤通学中，几乎没有人可以保留自我。所有人都不发一言，默默地以相同的步速走入站台，很容易就会被巨大的人流裹挟其中。当然，每个人的衣服或者持有的物品，行走和停下来的姿势依旧会留有个性的成分，但是把这些个性都抹杀掉，形成一道巨大的洪流，这就是大量化社会的特点吧。

尽管去个性化的趋势不可阻挡，但是这其中的每个个体还是会展现他们的个性。这就不是在平日的车站了，而是在发生什么特殊事件的时候。广津柳浪在《升降场》这部作品中，将为日俄战争出征士兵送行的人们的神态鲜明地刻画了出来。

西田若子的哥哥隶属仙台师团，这次奔赴战场，会路过新宿车站。我也和若子一起去送行了。

寒冷的早晨，新宿站出现了这样一幕："车站里已挤满了人，他们都是出征士兵的亲友，因为感怀别离而聚集于此。"虽说是不特定多数的人群，但是他们都是为了送别亲友或熟人来到这里的，这就与平日车站上聚集了很多人的情况又不同了。

这些人中，有"眼珠子黑得吓人的学生模样的人"；有怀里抱着婴儿的二十二三岁的女人，"头发蓬松不油腻，眉毛秀气，眼神利索，没有一处令人讨厌"；还有"头发梳成花月卷，肩头搭着薄披肩"，眼神凶狠地瞪着某处的女人。人群中特别描写了这三个人。当然，送哥哥出征的"西田若子"和她的朋友，也就是这部作品的主人公，也在特写的人物之中。

他们好不容易走进了站台，在那里等车。"与人群你推我搡，随时可能被撞飞"的两个人在到站的列车中寻找"若子"的哥哥。找到哥哥的若子悄声对哥哥说："那个……阿妈和我在家等你回来。"

这时，旁边传来那个眼神凶狠的女人的声音："哥哥，你可不能死啊，一定不会死的。你就是普通的士兵，和为了在战争中赴死，平时就吃俸禄米的人可不一样。哥哥你要自己珍重啊。"她这样对她的哥哥倾诉。

随后，眼睛很吓人的学生说："他的女人说着和我说过的一样的话。"

最后，抱着婴儿的女人眼眶里泛着泪花说道："阿鹤，不要挂念这里，你要好好干，别让别人笑话啊。""你即便战死，我也会想到你是为了日本这个国家的人而死的，不再悲伤，你也要有这样的态度……”她一边鼓励着一边“把脸抵在了袖子上”。之后这位女人一时好像无话可说似的与丈夫面面相觑，一时又好像突然想起了什么，急忙把婴儿的脸蛋露出来给丈夫看："这个孩子可能还记不住你的脸，但是你要好好记住孩子的脸，即便战死了也请不要忘记。这也是对孩子的……"

此时"周围的人比这对夫妻更悲从中来，哭成了一片"。

抱着婴儿的女人率真的情绪诱发了聚拢来的人群心中的共感与同情，围住他们的人越来越多。这是在平日的车站见不到的情况，人们通过对这位女人的共感与同情找回了自己。

列车发车了。

作品最后，广津柳浪以抱着婴儿的女人为中心，再次特别描写了这几个人物的举动。眼神凶狠的哭喊过的女人认为怀抱婴儿的女人净说违心的话，于是瞪着她。在这里，广津柳浪安排了一位穿洋装的"贵妇人"出场，"贵妇人"对着抱婴儿的女人柔声细语地说了些什么，把自己的披肩披在了她的身上，然后很快地朝出口走去。留下眼神凶狠的女人说着"伪善啊，呵呵"，"用凶狠的眼神目送她离开"。

　　主人公二人像站在梦境中看着这一切，听见学生说"我改变了想法，我同情那位农家的当家主妇"，他们两个也便"慌忙走出车站，坐上等在门口的自家车子回了家"。

　　自己家里有人力车的小姐、"改变想法"的学生、"头发梳成花月卷，肩头搭着薄披肩"的中产女性、农家主妇，还有穿着洋装的"贵妇人"，各个阶层的人因为送别出征士兵这同一个目的集合在新宿车站。以众多群众为背景，作品表现了这几个人的个性。读者会注意到，在这样一个背景下，其实不特定多数化了的人群中的任意一个人，都与这几个被特别描写的人一样，拥有个性。

　　从这个意义上说，这部作品究竟是反战、厌战还是两者都不是暂且不论，至少在特定的条件下，这部作品明确地表现了集合在车站的人们的个性。这样就为读者们展示了近代社会中个体的社会性存在的方式。现在的我们知道，作为具有这种属性的场所，当时的车站已经创造了体现此类个体形态的一个典型条件。

　　就像本书最开始时提及夏目漱石通过乘坐交通工具时人们的样态来暗示这些人在社会上的地位一样，虽然与夏目漱石的视角不同，但是广津柳浪以自己的角度将在车站"不特定多数化"不断发展过程中的个体出色地刻画了出来。

20 世纪 10 年代前后开始改善车站时，这种乘客本位就成了最根本性的基础。依据《铁道国有法》成立的国有铁道，一方面无法拒绝政党政治家及军部的介入，另一方面又为了提高运输能力积极改善车站。在大正民主风潮的背景下，铁路官僚也开始主张以"铁路民众化"为铁路的评价指标。

车站的改善也是从这种"铁路民众化"的立场出发的，同时也是为了应对"不特定多数化"的乘客的不断增加。这种应对方式，同时满足了每位乘客的个人需求、目的地、乘坐次数等不同乘车条件，还顾及了他们的年龄、性别、职业等个人化因素。这难道不就是近代公民社会为车站这一公共空间确定的方向吗？下一章我们将具体讨论一下这个问题。另外，我们会在下一章中探讨破坏车站自身定位、阻碍车站技术进步并使其发展遭受挫折的战争，给车站带来了哪些影响。

三 应对乘客的要求

——车站改造

变化的车站：名古屋站的情况

三四郎与乃木将军

小川三四郎从熊本高等学校（旧制第五高中）毕业，升入东京帝国大学文科大学，离开家乡，前往首都。他大约是从门司坐上联络船抵达下关，再从下关乘山阳线列车。当时，铁路已经国有化，从下关到新桥的直达列车[1]一天只有一趟往返班次。1907 年（明治四十年）3 月 16 日的时刻表调整将这趟列车原来的运行时间 36 小时改为 29 小时，成为快速列车。在前一年也就是 1906 年 4 月 16 日调整时刻表的时候，新桥至神户区间被定为最快速列车（当时，长途列车被分为最快速、快速与直达 3 种），收取快车费，而在 1907 年 3 月的调整中，快速列车也开始收取

---

[1]　与现在的直达列车不同，这里指的是 20 世纪 50 年代之前的长途客运普通列车，因与短距离客运列车相比会适当减少停靠站而得名。——编者注

快车费。从下关站去往新桥站的快速列车自然也要收取快车费。在那个年代，像三四郎这样的学生通常是坐不起快速列车的，这样一来，就只剩下直达列车了，必须在某个地方转车。他到底是直接坐了由下关出发去往名古屋的列车，还是在途中转乘了去往名古屋的列车，不得而知。总之，他到达了名古屋。

如果是下关到名古屋的直达车的话，他应该是前一晚从下关出发，在车内过一夜，第二天晚上九点半到名古屋，在名古屋住一晚，天亮之后前往东京。车上他遇见了一名在京都上车的"肤色黝黑"的女子。三四郎在这名女子身上看到了在家乡时曾有婚约的"阿光"的身影，想着想着，天色渐渐暗了下来，不知道到了米原的何处，"站夫用力地踩过车顶，把点着的洋灯从上面插进车厢"。

吃着在车站买的煮香鱼便当，在昏暗的洋灯下等待抵达名古屋站，女子拜托三四郎"在火车到达名古屋后帮帮忙，带她去客栈"。三四郎一边认为助人为乐天经地义，一边又"踌躇了好一会儿"，但是没有拒绝的勇气，便"含糊其词地答复她。这时候火车到达了名古屋"。

"大行李已事先托运至新桥，无须担心。三四郎只拿着一只不大的帆布包和一把伞，走出了检票口。他的头上还戴着高等学校分发的凉帽"，这就是三四郎的出行装备了。那名女子紧跟在他身后。名古屋是终点站，他们从火车上下来，被推挤着走到了车站外面。

应该在九点半到达的火车误点了 40 分钟，到站已经过了十点。因为是大热天，街上还像傍晚一般熙熙攘攘。不远处就有两三家客栈，但是三四郎觉得过于阔气，便若无其事地从亮着电灯的三层建筑物前信步走过。

夏夜过了十点，名古屋依旧很炎热吧。车站前就有亮着电灯的三层楼的大旅馆——这样的情景在读者脑海中浮现。在这些建筑物门前，走过两个人，是挂着帆布包拿着伞的未来大学生与一名女子。她的丈夫大概是在吴市的海军工厂做工，日俄战争的时候去了旅顺，战争结束后回国，但之后又去了大连赚钱。这个人会觉得大连好赚钱大概是因为日俄战争之后海军工厂规模缩小，收入较之前大幅缩水的缘故。这位丈夫近半年来从没寄回国信件或钱，所以女子心情不安地要回老家。

　　要进入大学的三四郎与处在不安情绪中的女子，两位对比强烈的人物，在火车上偶然相遇，在同一个车站下车后一起去找住处。以名古屋车站为背景，夏目漱石在《三四郎》的开头清楚地描绘了日俄战争之后的社会状况。

　　在同一个蚊帐中，三四郎用坐垫上面铺床单的方式隔出了一条分界线，再铺上长长的毛巾，两人井水不犯河水地睡了一宿。第二天天亮，"付清账单，离开客栈，两人走到车站的时候，女子才开口告诉三四郎，说自己要乘关西线的列车到四日市去"。

　　三四郎要坐的车先来了。"女子把三四郎送到检票口，恭恭敬敬地对三四郎行礼致意：'诸多打扰……祝你顺风。'"那时候还不是随时都可以进入站台的，需要等列车到了之后再检票放行。

　　两人分别的时候，"女子镇定地对三四郎说：'你是一个很没有胆量的人哪。'接着嫣然一笑。"三四郎"觉得自己好像被抛进了"站台。

　　进入车厢之后，他的耳朵发热，整个身体缩了起来。列车员吹起哨子，"列车启动了。三四郎悄悄地把头探出窗，女子早就不知去向，只有那只巨大的钟杆在眼前"。

　　东海道上去往东京方向的列车站台隔着检票口，与车站中心的站台相连。即便现在，京都站等车站也采用了这样的形式。小的中间站自不必说，即便是城市里的中心车站，一般情况下去往东京或者自东京来的线路，总有一条本线是直接与车站相连的。把三四郎送到车站的女子，若是站在原地不动的话，从车厢看出去是可以看到的。三四郎就是为此睁大眼睛寻找的吧。

　　但是他没有看见。在这里，一个世界终结了。随后落座的三四郎开始与瞥了他一眼的男子接触。男子说日俄战争后的日本会"亡国"，还说"比起熊本来，东京大得多。比起东京来，日本大得多。比起日本来，脑袋里的空间大得多"，这个男子的言谈简直超出了三四郎的常识。

　　之后在团子坂上、千驮木的街角，三四郎与第一高等学校的英语教授再次相遇，对三四郎来说，这是一个可以为他塑造新世界的重要人物。名古屋车站与东海道上的列车，对于三四郎来说，就是连接更加崭新的世界的中转站。让三四郎瞠目结舌的女子踏上了关西线的列车，而三四郎也迈入了新的世界。

　　大野英一的《名古屋车站物语（下）》中有一节是浪曲师广泽瓢右卫门讲述的《乃木将军》，介绍了乃木希典在名古屋车站前"支那忠"旅馆里留宿一夜的情景。在奈良县举行陆军大演习的时候，作为南军司令官的乃木不服从统监部让他撤退的命令，于是统监部幕僚长奥保巩大将决定罢免乃木的南军司令官一职。演习结束之后，乃木为了去伊势神宫参拜，让夫人从东京带来了大礼服之类的装束，两人约在名古屋车站前的旅馆"支那忠"会合。夫人先到，旅馆的老板、老板娘及上上下下，举店沸腾。这就是作品的大致内容。故事最后，第二天早上，乃木整肃衣装，带着夫人前往名古屋站。进入候车室之后，乃木见到两位伤病军人，于是询问他们在哪里负伤，并给了他们一个信封，里面装着一些钱。这与乃木帮助路边算命少年的故事一脉相承，"乃木将军系列"是一串带有人情味的故事。

陆军大演习于 1908 年（明治四十一年）11 月 10 日开始，为期四天，恰好是《三四郎》在东京与大阪两地的《朝日新闻》上连载的时候。让三四郎帮忙找客栈的女子、乃木送了一信封钱的伤病军人，都是背负着日俄战争后遗症的人。

名古屋站和爱知站

这位女子和乃木夫妻都是在第二天早上乘坐关西线，一向

第一代新桥站夜景

新桥站站内

1880 年，新桥站至横滨站的列车时刻表

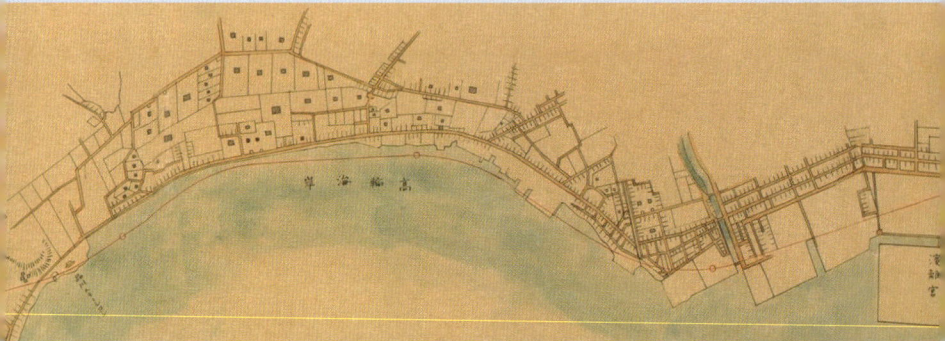

新桥站至横滨站的路线示意图。可以看到一部分路线是从海上通过的，上岸之处就是品川站

最初的横滨站（现址为樱木
町站）

1896 年的爱知站。车站建筑
后来移建为第三代岐阜站。

1914 年投入使用的东京站

1932 年的东京站

铁路高架化

奔驰在高架铁路
上的列车

青森港的铁路线与联络船

关釜联络船及下关港栈桥

1920 年的大阪梅田站与百货商店

碓冰山上架设的铁路桥梁，使用了 Abt 齿轨铁路

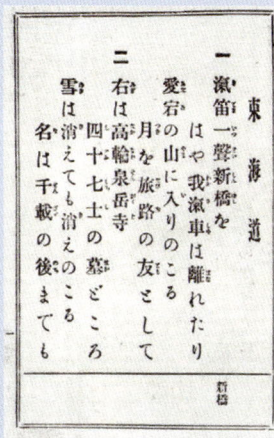

《铁道歌唱》

1907 年描绘售票处的漫画明信片

关门隧道开通纪念乘车券

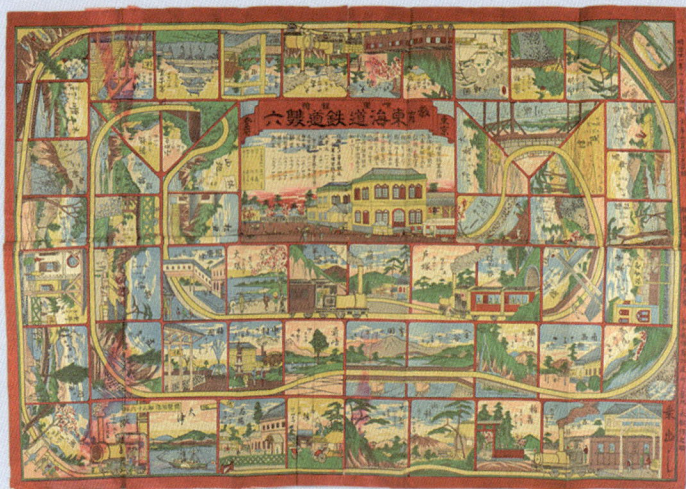

以东海道线为主题的双六游戏图，绘有沿途各站的代表性风景

描绘新宿站内情景的油画（木村庄八 绘）

四日市、一向山田进发。名古屋站在这之前就已经成为东海道线、关西线和中央线的换乘站了。所谓关西线，原本是关西铁道公司的私营铁路。1894 年 7 月 5 日从草津出发途经铃鹿抵达桑名的线路开通，1895 年 5 月 24 日名古屋站至前须（后来的弥富）站通车，这时候的名古屋终点站是在官设铁道名古屋站之内。1895 年 11 月 7 日弥富站至桑名站通车后，名古屋至草津全线开通，关西铁道就在官设铁道名古屋站南边另外修建了终点站。

这个车站与官设铁道东海道线的线路几乎成直角相接，是后来的国铁笹岛用品库所在地。新落成的车站中心建筑规模宏大，是带有时钟台的西式建筑，与官设铁道名古屋站在 1891 年 10 月 28 日浓尾地震之后重建木结构平房相比，实在是给人壮阔之感。这个车站于 1896 年 7 月 3 日投入使用，虽然没有切断与官设铁道名古屋站联络的侧线，但是给人一种欲与之抗衡的感觉。连车站的名字也气势不凡，叫作爱知站[1]。

关西铁道与官设铁道拉锯争抢名古屋站至大阪站之间旅客

1　名古屋市的上一级行政单位为爱知县。——编者注

与货物的这段历史，在铁道史上颇有名气。1898 年 11 月 18 日，关西铁道从现在的片町线（与当时的浪速铁道合并）上分出一条线，设立网岛站，为名古屋站至大阪站的通车做好准备。1900 年 6 月 6 日，关西铁道合并了奈良站至凑町站路段所属的大阪铁道公司，开启了直通天王寺与凑町的新时代。

运输行业的竞争就这样形成了。1902 年 8 月往返车票开始打折，往返车票甚至比单程更便宜，这种情况简直有悖常识，但当时就是用这样的手段来打价格战，直到 9 月下旬才进入休战状态。但是第二年的 11 月，竞争再次拉开帷幕。关西铁道这次的策略是送给旅客价值高于单程车票的便当。这次的便当就是由乃木曾经留宿的旅馆"支那忠"提供的。"支那忠"在官设铁道还没开通运营时的笹岛，也就是后来的车站前的地段上设有分店〔总店位于富泽町，由忠右卫门创立，于 1865 年（庆应元年）开业，初始店名是"信浓忠"，后被人讹传为"支那忠"[1]〕，出售车站便当，与官设铁道和关西铁道两者都保持着合作关系。这样的旅馆，三四郎他们可是住不起的呀。

1　"信浓"（shino）与"支那"（shina）的日语发音相近。

1904 年之后，随着日俄战争的爆发，情势发生变化。同年 4 月，关西铁道与官设铁道达成妥协。官设铁道连日向大阪和宇品运送军队和物资，不再能与关西铁道竞争了。

1906 年 3 月 31 日，《铁道国有法》公布；1907 年 10 月 1 日，关西铁道与龟山站至鸟羽站区间所属的参宫铁道一起，被收归国有。当时的数据显示爱知站距名古屋站 27 链（参照名古屋站编《名古屋站八十年史》，约合 540 米或 0.34 英里），在国有化前后的运营数据中，这个距离变成了 0.4 英里（铁道局《全国铁道停车场一览》，明治四十年二月数据）。这是国有化之后，因为爱知站发生了位移而导致的变化吗？（在《铁道技术发展史》第二编设施Ⅱ中，有支持这一观点的资料图，但是这幅图中有"凭借

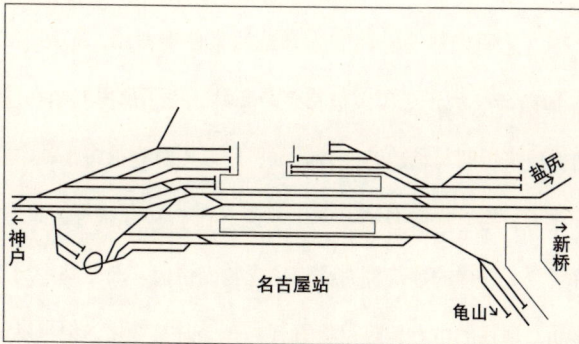

记忆所绘"的小注，其确切性亦无法保证。）

最终，爱知站于 1909 年 5 月 31 日被废除。与三四郎告别的女子一定是在名古屋站上了车，乃木将军夫妇也是如此。但是，列车应该是晃晃悠悠开出没多久又停在了爱知站的。时刻表上显示，名古屋站到爱知站所需时间为 5 分钟。然而随着国有化的推进，与官设铁道抗衡的爱知站丧失了其存在的理由，根据收录在《铁道技术发展史》中的平面图来看，爱知站的位置向北移动过。

铁道国有化导致一些终点站被废除，车站也在漫长的历史中改变着形态。此时名古屋站的中心建筑是在浓尾地震之后新建的。原车站中心建筑的占地面积达 1400 平方米，改建之后是 1200 平方米，可以说是没有原先那么恢宏了。

在这之后修建的宏伟的爱知站后来停止使用，车站中心建筑在 1913 年（大正二年）被移至岐阜站，成了那里的中心建筑。木结构建筑拆解与移建都比较容易，所以当时有很多车站中心建筑移建了。第一代博多站（1889 年建）在 1910 年被移至直方站，保留至今。这样的建筑拥有铁道纪念物的价值。岐阜站经历了三次移动，现在的中心建筑是第五代。车站时常变化，但可以说纵观所有车站，像岐阜站这样变化频繁的例子也不多见。爱知站的建筑移建后构成了岐阜站的第三代建筑。1887 年车站投入使用时（当时称加纳站，1888 年 12 月 15 日改称岐阜站）的建筑为第一代，于 1889 年 5 月移至西侧的是第二代。1913 年，在南边安装了轨道，爱知站移建过来，但是不带时钟台。1945 年 7 月 9 日午夜，美军空袭岐阜市，第三代建筑被烧毁，于是临时搭建了第四代车站。1959 年，将车站位置稍稍西迁，在现在的位置上建设了第五代中心建筑。今后可能还会将建筑架高，因为在地上跑的东海道本线将岐阜市分割成了南北两部分，为了将这样的南北两部分更好地联系在一起，需要将车站高架化，如果这一计划实现，那就会有第六代岐阜站。岐阜站可以称得上是车站移建与改建中的王牌了。

说到变化，不得不提及当时名古屋站的中心建筑、站台及其他设施没有一样保留至今。除了名铁百货店以外，还建起了好几座其他建筑。现在的名古屋车站，位于旧名古屋车站北侧退后一步的位置。这就是车站的"后退现象"。这样的改建工程缘于运输量的增大。明治末年，也就是三四郎与乃木将军的年代，名古屋站每日的乘降人数约为 8000 人，到了第一次世界

大战的时候，这个数字超过了 15000，昭和初年则跨过了 20000
大关。

名古屋站"后退"意味着什么

1919 年（大正八年），作为名古屋市区整改计划的一部分，
将名古屋站建成高架式车站的计划获得通过。1925 年 5 月开始
测量，进入购买用地环节。在这种情况下，原名古屋站的一部分
被充作站前广场，其北侧建起了新的车站。最终，因为新车站又
会带出一片站前广场，于是旧站再度后退。总而言之，当时的名
古屋站无法应对旅客与货物的激增。东海道本线站台有两面，上
行线没有待避线。由于中央本线是后来才接入的，所以被安排成
由车站中心建筑的侧面穿入。这是私营铁路接入国有铁道时的做
法之一，京都站山阴本线的站台也是这样的例子，因为京都铁道
接入京都站的时候也是私营铁路。丰桥站上的饭田线也是，接入
的丰川铁道与名古屋铁道一样，起初也是私营铁路。

假设中央本线这样一条干线从名古屋站的侧边进入，虽说
这与线路的风格也有关系，但如此一来就会导致其运输能力无法
提升。关西本线因为受到线路安装的影响，站台的位置向神户方

向偏移。又因为北侧近处便是机车库，所以站台向神户靠近，为东海道下行站台腾出了空间。

货运方面，车站中心建筑一旁的货物装卸设备，一直处于使用饱和状态。日清战争时期铺设的军用货运线路连接着这里的货物装卸设备与车站前的广场，对这条线路的整改也是迫在眉睫。

首先，要实施客货分离。1925年（大正十四年）1月16日，枇杷岛站北侧的稻泽调度场投入使用，货物与货运列车均可在那里完成中转。其次，在旧爱知站南侧新设货物装卸处，处理从名古屋发出与送达名古屋的货物，至1929年（昭和四年）5月1日又开设了新的货物装卸处（后来的笹岛站）。1911年5月1日，至名古屋港的临港线已开通，第一次世界大战中货物装卸量为每年100万吨，一天大约2700吨。当时车站的容纳量是每天1800吨，远远不够。从这也可以看出亟须客货分离。

新名古屋站的中心建筑，地上五层（一部分建筑有六层），地下一层，正门宽263米，深53米，是总面积达39372平方米的钢筋结构，二层以上被充作名古屋铁道局（后来的名古屋铁道管理局）的办公用地。

站台上铺设有东海道上行线、东海道下行线、中央线和关西线四条线，布局齐整。在高架站台两端的下面设置了一条宽9.3米的道路（另外还设了一条特别通道），由这条通道穿过检票口就可以进入站台。与在站台和通道的分界线上设置检票口的东京站不同，在中心建筑的相反方向设置出入口可以形成自由横穿车站的通道，对于乘客来说十分方便。

20世纪20年代以后，城市主要车站均开始采用这样的设计。现在的名古屋站，车站中心建筑一侧有一条铁路线（0号线），西口一侧也有一条铁路线（12号线、13号线），前者是东海道上行线，后者是关西线，另外西口还设有两个新干线站台（14~17号线），共8个站台。连接起这些站台的是4条通道。

名古屋站1937年（昭和十二年）2月1日投入使用，从这一天起货物装卸处独立，成为笹岛站。关西急行电铁（后来的近畿日本铁道）与名古屋铁道的延长线部分均在地下，并相继于1938年5月22日和1941年6月18日开通运营。1957年11月15日，名古屋市交通局将之与地铁相连。现在单JR一天内的乘降人数就有15万人，不愧是超大型城市中央车站。

追求车站的便利性

大阪站的情况

上文我们详细地追溯了名古屋站的变迁。在同一时期，东海道本线上还有三处车站进行了同样的改造，并取得了显著成效，它们是大阪站、三宫站和神户站。接下来，我们来逐一介绍这三个车站的情况，并与名古屋站做一个比较。

1934 年（昭和九年）的大阪站发生了很多事情。这一年的 5 月 31 日半夜，车站内建好的高架站台开始铺设轨道。与名古屋站同样，高架站台建在大阪站中心建筑的北侧，也就是国铁既有线路地面站台的左侧。这也可以说是车站的“后退”现象。

就像之前所说的那样，大阪站不像新桥站与横滨站那样采用“尽头式”站台，是通过式的车站。大阪站建在一个向西北近 90 度的转角上，这个选址是为了尽可能地接近街区。为此，车站两侧会有一个急转弯。由于有这样的原因，大阪站的线路数量虽然较开通时有所增加，但是运力的提升始终难以实现。即便之后关西铁道（后来的国铁城东线，现在的大阪环状线）接入（1895 年 10 月 7 日），西成铁道（后来的国铁西成线，现在的大阪环状线、樱岛线）接入（1898 年 4 月 5 日货运，1899 年 4 月 1 日客运），阪鹤铁道（之后的国铁福知山线）接入（1898 年 9 月 1 日），但这些线路相互衔接之后，未能像名古屋站中央本线那样从车站的一端进入站内，线路有效长度较短，限制了编组列车的长度，运输能力无法提升。

车站中心建筑两侧有装卸货物的设施，但是其占地面积不足以应对运输需求的增加。

1898 年前后，大阪站每日的乘降人数是 1400 人左右，1912 年达到 20000 人以上，1920 年超过 50000 人，1935 年增加到 100000 人。以这样的增长趋势来看，大阪站的情况完全无法应对将来的需求。发出与送达的货物也不断增加，尤其是进入 20 世纪 20 年代之后，大阪市集散货物的趋势增长迅猛。

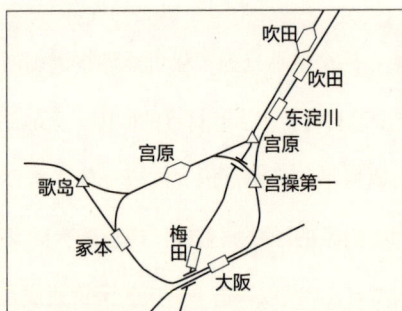

　　针对这样的增长趋势，1918 年（大正七年）大阪站制订了根本性的车站改造计划。其一还是分离货运业务，也就是在吹田设立货车操车厂，另外建设货运站。起初货运站计划建于福岛，但周围居民反对，于是只有在车站里面开设货运站，也就是之后的梅田货运站。其二是分离客车的检修设备，在淀川右岸设立宫原客车调度场，将东海道本线和联络线与之相连。关于这条联络线，早在 1918 年 8 月 1 日大阪站实施改造之前，就作为宫原联络所（后来的信号场）与歌岛联络所（后来的信号场）之间的直通线通车了。也就是在这条线路上设立了宫原调度场。

　　在这个基础上，铺设了连接大阪站与宫原调度场的联络线。另外，靠近东京的宫原调度场第一信号场至宫原调度场区间（1933 年 9 月 1 日通车），靠近神户的冢本至宫原调度场区间（1934 年 5 月 25 日通车）的联络线也相继开通。如此一来，连接大阪站与宫原调度场的环状线大功告成。无论是上行线还是下行线，由大阪站始发的列车都无须逆向行驶即可出入宫原调度场。

　　改建工程还涉及了大阪站以外的地方，上淀川桥到下淀川桥大约 3.7 公里的路程也重建为高架道路。共有九处道口，其中有两处高架上坡道对市内的交通造成了很大的阻碍。所以，这个时候需要的不单单是改建车站，还需要城市规划上的改良。

1919 年 6 月 17 日，大阪市助役[1] 关一起程前往东京。"傍晚七点半梅田发车，前往东京。直木、岩田两位因为梅田站的问题与我同行，车内纷杂不堪。铁道院尚在计划增发一班列车，自然很有必要。铁路、电信、电灯、煤气需求膨胀，日本对此还未做好准备。"（《关一日记》当日记录）

1914 年 7 月，关由东京高等商业学校（后来的东京商科大学，现在的一桥大学）的教授岗位调任大阪市助役，他在股市问题、城市规划、城市行政管理方面掌握着当时最优质的知识。从 1905 年出版的《铁道讲义要领》中可以看出他渊博的铁道知识，以这些知识为基础，他发起了改革讨论。他尖锐地批判了当时日本严重缺乏相应城市政策与交通政策的情况，希望可以在大阪市政府一展身手，考虑如何克服现存问题。关抵达东京后，6 月 21 日 "上午于铁道院见到了杉工程师、改造科冈野科长以及杉浦局长，关于梅田改建问题，向他们传达了直木及大阪市的想法"（《关一日记》）。

1　相当于现在的副市长。

虽然不清楚当时谈话的内容，但是关在担任大阪市长之后，积极投身城市规划项目之中，不仅关注家家户户的屋顶是否齐整，还着重提倡要让大城市的建设与绿地的维护保留齐头并进，从公园、下水道、地铁、以主干道御堂筋为首的城市道路网、港口的修整等环节下手，让大阪在建设近代综合性城市的路上大步前进。如果要实行关的计划，那么当时的大阪站也必须有所改变了。

也就是说，大阪站的改建与关市长的大阪城市改造计划，无论是从时期上还是目的上，都是一致的。

1928 年（昭和三年）4 月，当时担任铁道省运输局书记官的中山隆吉，总结出版了《铁道运输设施纲要》，以铁道省运输局的名义在部内发布。20 世纪 10 年代末，政友会成立。结合这样的组织里政党政治家的利害关系政策被称作"建主改从政策"，这本纲要的问世，可以说是代表了主张铁路需要改造的铁路官僚的想法。这本书中有"关于大阪站改造，应基于东海道、山阳、福知山各线路始发站与终点站的实际情况，制订大阪站改造计划"一文。神户站曾被认为是东海道与山阳两条线的连接处，但这个时候实际上的连接处已经是大阪站了。上面那句话的意思就是要多关照这样的实际情况。另外，这本书中还讲到，经由城东线，要让关西本线连接南海其他的私铁，再把连接通车至大阪站周边的阪神、阪急及京阪等私铁与大阪市区电车也考虑进去，把这些要素作为根本性内容融入改造计划。客货分离后，只服务旅客的经营模式使得把车站建成高架成为可能，这样同时还可以利用高架下面的空间。

这个改造计划的基本思路是把大阪市与周边地区的交通体系综合考虑进去，强调综合性是这个计划的特点。铁道建设方面，也出现了一些与大阪市立场相呼应的要素。

基于这样的建设目标，大阪站的改造工程开始实施。高架站台并列铺设了五条线，使得东海道本线、福知山线、城东线和西成线得以并列发车或抵达。这一点与名古屋站的改造是相同的。

车站中来来往往的人们

车站中心建筑的改建是与站台的改造同步进行的。当时的中心建筑是第二代，于 1899 年（明治三十二年）11 月竣工，是建筑面积达 2559 平方米的平顶石屋。与第一代建筑相比，第二代稍微偏向东京方向，当时是东海道线上规模最大的改建工程。从车站正面中央的停车处到中央站台，上行线与下行线在此分开。中间是贵宾室，两侧是一等候车室与二等候车室（面朝正面右侧是上行线，左侧是下行线）。隔着售票口与小型行李存放处，是三等候车室。建筑布局让乘客从各个候车室去往站台（下行线）都需要穿过检票口。下车的乘客则是穿过候车室两侧的检票口走出车站。车站的中央停车处与中央大厅有两层楼的高度，具备了大城市中央车站的格局。拱形列柱将从中央到左右两侧三等候车室的通道与车站外隔开，左右两侧对称的设计营造出得体大方的美感。

　　与其他车站一样，这个车站也见证了很多游客的来来往往。1932 年（昭和七年），刚满 14 岁的升田幸三从广岛出发，宣称"为了打败名人[1]而离家出走"，但是到了大阪站之后发现"在大阪站语言完全不通，吃了大苦头"。他在第三年升至初段，四年后成为四段，于是前往东京参加登龙战。升田说："大阪站是跨出一决胜负那一步的玄关车站。"（朝日新闻大阪本社社会部编

1　日本将棋中棋士的一种称号。在江户时代至昭和时代初期（1612~1937）这段时间，名人是给予将棋界最高权威者的终身段位。

《大阪站物语》）

源氏鸡太"靠着兄长寄钱，得以从富山商业学校毕业"，来到大阪。1930 年经济大萧条时期，源氏到达大阪站，这样描述当时的感受："人很多，紧张得不行，不自觉地全身发颤。"他在住友工作，三年后为一位被贬到北海道的前辈同事送行。那位前辈后来留下了一句想回大阪后，在旭川的医院里去世了。对于不同的人来说，车站既可能是鲤鱼跳龙门的起点，也可能是家道中落的起点。

升田前去参加登龙战的时候，大阪站旧的建筑已经拆毁，车站的站台应该已经做成高架了。这本书还收录了一位在 1933 年春天从长崎的小学高等科毕业，去了大阪的人的回忆。"车站正在进行高架施工，全是柱子。"御堂筋一带则是在进行地铁施工。同年五月，还有一些女校的毕业旅行选择了东京。"车站前的广场还没有铺装完工，恰好是施工刚开始的时候，到处都摆着石砖。从那里望见的大阪站，真是非常气派。由白色的石头砌成，正面是尖尖的屋顶，还可以看见圆圆的大型时钟，就好像是在照片或画上看到的外国车站一样。"

为了求职踏上不休不眠的旅途终于抵达大阪站的少年，与从这里开始进行八日七晚毕业旅行的女学生也形成了鲜明的对比。两个人关于施工材料与柱子的记忆定格了开始变化的大阪站的模样。《翻过山丘》里这座车站是对乡愁的慰藉，《十九岁的春天》里则有歌颂青春的少男少女从车站中走过。

让我们再回到 1934 年。那年的 5 月 31 日，旧制第三高等学校的一名学生拿着带有柯达无变焦镜头的相机来到车站。他拍下了只有这一天才能看到的地面轨道的照片，还观摩了当天一直进行到深夜的由地面轨道切换至高架轨道的工程的准备工作。总之，此前架高于东海道本线之上，接入梅田终点站的阪急线会降到地面，而东海道本线则会被架高至阪急线之上。他目睹了"架于阪急线之上的巨大桥梁""在好几万烛[1]的照明设备照耀下的大型起重机"，还有"国铁与阪急的工作人员共两千多人，在工地上忙得团团转"。他半夜回到位于吹田的家，然后"第二天早晨坐上了由大阪站出发最早一班前往青森的列车"。列车长在各个车厢间奔走告知："昨晚高架线改造完成，车站的布局有变化，请乘客们注意。"那个年代还没有车内的广播设备。

1　发光强度单位，日本 1948 年以前使用。

列车驶过上淀川上的桥梁进入高架线时，"通宵施工的工作人员在铁路边拍手欢呼，我和列车上的乘客，也把身体探出窗与他们一起拍手。列车进入站台后，车内外又再一次齐拍手，完全就是以全垒打之后回到本垒时的那种兴奋在对通车表示欢迎"（《大阪站物语》）。当时东海道本线的主力由双汽缸的 C51 型蒸汽机车更换为三汽缸的 C53 型蒸汽机车，那位年轻的铁道迷拍了很多蒸汽机车的照片，记录了他充满热情的行动。当时轨道由地面转为高架过程中的氛围，自其中生动鲜明地复苏了。

就这样，高架改建工程结束了。第二年，车站中心建筑被毁，于是新建了钢筋水泥结构的五层地上建筑。中山隆吉在《铁路运输设施纲要》中提到要让酒店进驻车站。但是，工程进展至双翼的二楼之后，随着日中开战，其余部分一直没有完成，这是后话了。1934 年架设高架之时还保留着旧建筑，要走进去很远才能到高架站台。一开始投入使用的只有第三站台到第五站台三个站台，城东线用了第三站台的一部分。这一年的 12 月 1 日铁路时刻表修订，第二站台竣工（近东海道），第二年 7 月 15 日起西成线高架接入，使用了这个站台的一部分。1936 年第一站台竣工之后，城东线移到这里，西成线也开始使用这一站台。

站台被架高后20天，吹田站至须磨站的电车开始运行。这趟电车挑战的是连接大阪与神户的阪神、阪急两家私营铁路。之前说到有人为了拍机车的照片从吹田前往大阪，但这之前行驶的都是蒸汽机车。在城东线上，关西的国有铁道最早的电力化区间是片町线上的片町站至四条畷站区间（1932年12月1日），其后是1933年2月16日通车的天王寺站至大阪站区间。之前还只是在地面站台上有电车的身影，这次是本线上将有电车行驶。大阪站至神户站的普通电车10分钟一班，吹田站至大阪站的30分钟一班。大阪站至须磨站是20分钟一班，大阪站至神户站的快速列车是30分钟一班。高峰时段的普通电车是四节车厢，其他时段是两节车厢，快速列车都是四节车厢。时刻表上大阪站至神户站的运行时间是24分钟。国有铁道的中等距离电车于1930年3月15日开始在东京站至横须贺站间运行，长条座位与前后座位各半、双车门车厢的编组由此诞生。这批电车中有17米的车，而阪神间的电车全统一成了20米的长度，外形设计偏厚重的电车反而有了速度感。

室户台风

9月20日，须磨站至明石站区间也电力化了，在吹田站至须磨站区间电力化之后又过了两个月，电车的运行区间延长到了须磨站[1]。那天半夜，在室户岬附近有猛烈的台风登陆，台风时速后来提升至60公里，向东北方向行进。室户气象所观测到的中心气压值是684毫米汞柱，最大风速达每秒45米（瞬间最大速度超过每秒60米）。21日7时在大阪出现暴风，最大风速超过每秒40米（瞬间最大速度超过每秒60米）的强风肆虐。大阪湾的水位由此剧烈上升，天宝山栈桥最高潮位高出最大干潮位5.15米（通常情况是1.8米），一般超过3米就是高潮了（土木学会《昭和九年关西地方风水害调查报告》）。

在东海道本线草津站至石山站之间的濑田川桥上，在风压（据推测瞬间最大风速超过每秒60米）的作用下，快速第七次列车第3节车厢之后的9节车厢在桥上发生侧翻，11人死亡，215人受伤。野洲站至守山站之间的野洲川桥上，货运第二八一次

1　原著笔误，应为"明石站"。

列车也损失惨重，第 17 节车厢与第 18 节车厢脱轨，第 19 节车厢之后的 11 节车厢发生侧翻，其中 7 节车厢落到桥下，第 30 节车厢至第 40 节车厢无大碍，最后 5 节车厢脱轨。摄津富田站第一三〇七次列车（该车为 6 节车厢编组）的后 3 节车厢全部脱轨侧翻，13 人受伤。抵达吹田调度场后停下的第六五次列车（该车为 73 节车厢编组）因风压导致逆向后退，结果后面 3 节车厢侧翻，相连的 2 节车厢脱轨。在这里还有其他一些因为受风压影响发生冲撞等事故的火车。在这场台风中，强风对建筑造成了损害，大浪也损害了建筑与机械，列车冲撞也导致了一定伤亡。

　　因为台风中心的风速非常快，所以风力会突然变大，也就是说变化来得猝不及防。大阪的最大风速出现在八点前后，正好是通勤时间，学校的建筑物倒塌，导致儿童与教师中出现了很多伤亡。这里说一点题外话。灾难过后，大阪府学务部向各学校发布的第一条指示，是让各学校确认下发的天皇与皇后的照片，也就是"御真影"的安全。比起人的生命，竟然优先考虑"御真影"是否安全，从这一点上我们可以清楚地感受到大阪府职员责任意识的歪曲（参照《大阪府风水害志》）。

　　前面引用过的《大阪站物语》中，有一篇当时在大阪站负责小件行李寄存的车站员工的回忆。那天早上，他一开始离开家门前往茨木站的时候，只是"稍微有点风"，到了吹田站时，前往大阪的电车没有发车（这个人说自己是从茨木站坐电车过来的，但是当时茨木还没有通电车，可能是记忆出现了偏差）。这位员工的责任感很强，他决定步行前往大阪站。这么看来，他应该是在大阪暴风正要开始的时候出了家门，在从茨木站上车出发前后，暴风突然来临。最终他下车走上吹田站站台，沿着铁轨开始步行。这时候还没有东淀川站（1940 年 4 月 1 日开通），也还没有新大阪站。当时与现在一样，从吹田站到大阪站的铁路里程是 7.6 公里。在凶猛强风吹拂的铁轨上走路可不是一件容易的事，更何况途中还必须经过长 729 米的淀川大桥。"在淀川的铁桥上，我产生了一种自己会被吹走的错觉，只能趴在地面上拼命抓住铁轨。"

他在"很多次都觉得走不下去了"的状态下过了桥，到达大阪站。收拾好准备运送的货物散落一地，虽然这些货物都被运到仓库里了，但捆绑的绳子脱落，货物掉落四处。"有很多人赶往车站，挤在一起和衣而睡。"第二天回到家里，"我家的纸拉门和护窗板也全都被吹跑了，屋外的裂缝一直裂到屋内"，妻子在附近的娘家避难，还算平安。

仅大阪府辖下就有逾 400 人遇难，这场室户台风给原本就在发生剧烈变化的 1934 年的大阪站踩了一脚油门。

三宫站与神户站

三宫站与神户站两个车站的改造工程，是与滩站至鹰取站路段的高架工程同步进行的。显然，这项工程与神户的城市规划相关联，要建造四线铁路，增强运输能力。这就需要先在原铁路线靠山的一侧建设双线高架桥，将三宫、神户、兵库三个车站架高（第一期工程），同时为了实现神户站的客货分离，开设凑川货运站。之后再在靠海一侧的原铁路线旧址上建设双线高架桥，开启四线铁路运输（第二期工程。兵库站至鹰取站路段在第一期工程中就已经开始实施三线与四线高架化作业了）。

这项工程 1918 年启动测量，1928 年 12 月 1 日凑川货运站投入使用，1930 年 3 月 25 日明石客车调度场投入使用。

随后，三宫站移建至原铁路线东侧，面向海，背朝山。在第一期工程中，率先完工的是靠山一侧的北口。神户站也是面向海，背朝山。在第一期工程中车站正面竣工。第一期工程是在 1931 年 10 月 10 日完工的，而神户站则先行一步，将车站主体

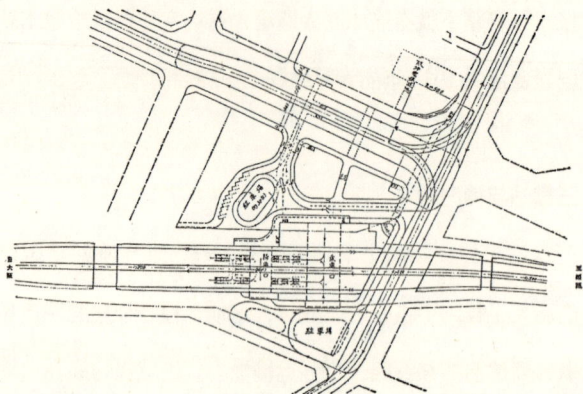

三宫站站前广场

移建至刚修好的高架桥下后，于 1930 年 7 月 1 日投入使用。三
宫站动作更快，1929 年 3 月起，高架下的车站就开始投入使用
了（《国铁建筑沿革（1870~1970）》）。

　　车站的主要部分都建在高架之下是这些工程的特点。在这
种情况下，建设过程中还有几个新尝试。车站内不再按之前的做
法细分候车室，而是建造一个宽敞的大厅，一方面可以灵活应对
旅客的增减，另一方面可以以大厅为中心，秩序井然地安排问讯
处、售票处、小行李室、候车室与检票口。"一般情况下，乘客
都会对发车时间有些许神经过敏，会倾向于往检票口集中，考虑

到这一点，候车室被尽可能安排在可以看到检票口的位置，两侧的候车室隔着大厅相对"，在布局上有这样的考量。另外，这也考虑到了以往就使用的一些方法，比如分离乘降的旅客，分离小型行李的搬运通道等，如此一来，高架车站得以成为"方便好用"的车站。"像这样把国有铁道一等车站的设施巧妙藏入高架之下的做法对于我国来讲自不必说，就是在欧美也很少看到先例。"（铁道省神户改造事务所《神户市街线高架改建概要》）站在这两个车站，就会意识到这里有很多细节上的考虑，比如从站前临时停车的地方到站台的距离很短、台阶的坡度与每一阶的高度都是经过仔细考量等。1981 年神户新交通接入港湾人工岛，靠海一侧的情况彻底改变，已经看不出三宫站的旧模样了。在1937 年 3 月 31 日滩站至鹰取站路段三线开通之前竣工的这两个车站（同年 5 月 23 日四线开通，《神户站史》中将 1934 年 12 月 5 日定为神户站改造竣工之日），就利用高架之下的空间这一点而言，可谓是名古屋站与大阪站的前辈。即便到了现在，车站的设计依然让人们切实感受到它们的便利。"二战"后建造的桥上车站通常需要走两次楼梯，而且乘客要上下坡度非常陡的台阶。用久了这样的桥上车站之后，再在这两个车站下车，会深刻感

受到 20 世纪 20 年代至 30 年代初的铁道工程师们是怎样地体贴
乘客。

　　三宫站和神户站，这两个车站不仅利用高架下的空间设计
了自由穿行的通道，还善用了大厅的布局，车站里关于细节的考
量、周到的设计更是为我们留下了巨大的遗产。从《国铁建筑沿
革》中可知，三宫站是由大阪改造事务所负责设计的，主任是千
叶元章（元町站与之相同），神户站是由大阪铁道局设计的，主
任是柴田四郎。

栈桥与离别的车站

关门隧道[1]和下关站

　　我们已经看过名古屋站、大阪站、三宫站和神户站这些终
点站的变迁，再来看一处与这几处相似，也移动过位置的高架车
站下关站。之前也说过，下关站是关门与关釜两条航线的铁水联
运车站，它的情况在关门隧道开通的同时发生了很大的变化。

1　连接本州下关与九州门司的隧道。

　　这个车站一开始是作为山阳铁道在本州西端的车站建设的，1901 年（明治三十四年）5 月 27 日，以马关站的名字开始运营。不言而喻，这里从古至今都是交通要塞，很早就是市级行政单位了。早在 1889 年 4 月 1 日就设立了赤间关市。1902 年 6 月 1 日，因为此地在周防滩东部的上关和中间的中关西侧，改名下关。与此同时，车站名也变为下关。

　　作为去往朝鲜半岛与中国的门户，山阳铁道很重视这个车站。1902 年与神户之间的特快列车开通，车站修改站名，同年山阳酒店在车站内开张。1905 年 9 月 11 日，在等待日俄战争结束的时候，关釜航线开始通航（总计 122 海里，壱岐丸号行驶需 11 时 30 分），这样一来，东京与首尔就以 60 小时的路程被连接在一起。

　　山阳酒店是文艺复兴式的钢筋结构建筑，外墙贴装饰性瓷砖，地上三层，地下一层，建筑面积达 823 平方米，客房 30 间，大厅还设置了列车与联络船的等候区域。这里可以说是日本最早的车站酒店，山阳酒店也显示出了与之相应的干劲。但是不管怎么说，这并不是一间规模特别大的酒店。大概是因为下关站是火车与联络船的换乘站，不太有住宿的需求，所以酒店的规模没有必要很大。不过倘若关门联络船［1901 年 5 月 27 日马关车站投入使用，山阳铁道开始使用大濑户丸号（199 吨）承担航运工作，一天往返 8 次］因为风浪停运，那么这个酒店就会派上用场。

1906 年 12 月 1 日，山阳铁道被收归国有。1912 年 6 月 15 日，新桥站至下关站间的特快第一、二次列车通车。这趟列车的定位是连接当时的日本本土与殖民地朝鲜，还有中国东北的国际列车。下关站作为国际运输的要冲设有海关。在关釜航线开通后，山阳铁道开始认可在船内办理日韩两国的通关与检疫手续，并且在山阳铁道国有化、日本吞并韩国之后，这样的做法也延续了下去（广岛铁道管理局《关釜联络船史》，1979）。

当时关釜航线上的人数，1911 年是 17 万人，1912 年则超过了 20 万人。1914 年，下关站栈桥竣工，不再用驳船运送客人与货物。这之后，乘客人数进一步增加，1922 年达到 56 万人。1930 年及其后一年由于经济大萧条的影响，曾一度超过 70 万的使用人数跌至 60 万人左右，到 1932 年又开始增长，约为 64 万人，1935 年的时候达到 81.4 万人。

关门联络船的运营也蒸蒸日上，毫不逊色。1911 年 10 月 1

日起，驳船开始运送货运列车；1916 年 8 月 25 日，运送货运列车的渡船开航（都是在下关至小森江区间）。大里站（现在的门司站）借由小森江埠头承担货运业务，门司站（现在的门司港站）承担客运业务。1925 年的客运航班一日往返 41 次，1940 年达到班次最高峰，一日往返 53 次。

下关站有两条航线，一条去往 122 海里（特定运营里程是 240 公里）外的釜山，另一条去往 2 海里（特定运营里程是 15 公里。关于特定运营里程，请参考《全国铁道停车场一览》）外的门司。要换乘联络船，需要从长长的尽头式站台钻入货运线下的地下通道，然后再上栈桥。关釜航线尤其麻烦，要从地下通道进入联络等候处，再从那里走过一条长长的通道才可以上栈桥。

车站移建带来的变化

一开始建设这个车站是因为要在海岸上建设栈桥，所以列车出了幡生站之后向东京方向行驶，往左拐一个大弯进入下关站。如果从长府出发直接走的话，是不会经过这里的，但当时的陆军反对让铁路经过下关海岸。长州阀的陆军内心深处，可能一直都埋藏着下关战争必将失败的想法。所以山阳线在曲折迂回后，翻过山岳，最终经由下关站去往东京方向。

后来这条长长的路就成为特高和宪兵揭发"可疑人物"的令人不快的通道。这样必定让每一个出海的人都讨厌的路，却可以说是大日本帝国的象征。

由于关门隧道工程，等待这个下关站的是移建。从1911年起，相关人士就在争论关门之间的铁路线应该用隧道还是用桥，最后决定修隧道。"九一八事变"之后，陆军摆出积极的态度，邀请参谋总长闲院宫载仁亲王、铁道大臣内田信也、铁道次官喜安健次郎和铁道局干部来到官邸，摆席设宴，敦促关门隧道早日开工（根据《下关工事事务所二十年志》中平井喜久松的回忆，这次会晤由参谋本部第三部长后宫淳少将牵线促成）。当时担任铁道省工务局长的平井与他的高尔夫球友内务省土木局长广濑久忠，以及参谋本部第三部长后宫合计之后，决定关门隧道先修铁路再修公路。这次三人谈话应该发生在1934年8月至第二年的8月。总之，陆军应该是有过从当时的"满洲国"进攻西伯利亚、与苏联正式作战的构想的。1936年6月，帝国国防方针发生改变，正式进入作战准备时期。关门隧道于同年9月19日开工。陆军的敦促对隧道工程的开工起到了巨大作用。

平井工务局长对这次的工程打过一个腹稿：下关站、门司站（今门司港站）两个车站不动，关门隧道只负责让往来本州与九州的直达客车与货车通行。工务局计划科的工程师立花次郎则"对关门附近的交通进行彻底调查之后，建议修建直通式的下关高架车站，人工建设一块土地作为客车调度场，当时的下关站则只用作货运车站"（《下关工事事务所二十年志》）。这样的建议可以扩大隧道的使用范围，不把关门隧道限制在运营直通干线的位置上，而是让其在局部地区运输中也可以发挥作用。原本因战略性动机而出现的修建计划，由于铁路工程师的良知，将修建目的转换为方便更多人使用。就这样，下关站要迁移了。

线路翻山越岭，在左拐的途中进入填海（8.5 万平方米）造地而成的高架车站。内务省于 1921 年至 1930 年修建下关港，在下关站的西边完成了面积达 54500 平方米的填海造地工程（内务省下关土木办事处《下关港修建工程志》）。先在此处填海造地，在高架车站的西边设置列车检修设备与机务段，然后直接开启将线路与彦岛相连的大规模工程。本线直接接入彦岛，左拐之后进入关门隧道。

新的下关站于 1939 年 5 月 6 日开工。1942 年 11 月 15 日，关门隧道下行线铁路单线客车通车（货车于 6 月 11 日开始试运行，7 月 1 日正式通车。上行线后于 1944 年 9 月 9 日投入使用）。新的高架车站拥有三个通过式站台和一座相当宽敞的中心建筑。旧车站只负责货物运输。只是关釜与关门（于 1942 年 7 月 10 日停止货运业务）的栈桥无法移动，因此由新站架设出来的通道一直连接到栈桥。

从日中战争进入太平洋战争后，这条航线发生了变化。由《关釜联络船史》的年表来看，1941 年 7 月 11 日至 8 月 31 日，下行航线上乘客仅能乘坐指定班次，这是为关东军特别演习中的军事运输而设置的限制措施。此后，此类限制常常出现，还出现了运送"满蒙开拓青少年义勇军"的相关新闻报道。1943 年 3 月至 6 月，还出现了题为《运送 4.7 万名朝鲜人务工者》的新闻。在下关站的通道上，这些人怀着各自不同的心情与念想于此逗留。

到了战争后期，船只受到的损害与日俱增，航班时间常出现差错，至战败一度被禁止出航。从 8 月 30 日起，为了遣返在外的日本人并让滞留日本的韩国人归国，允许仙崎、博多到釜山

之间通航。下关栈桥只开放关门航线。1943 年 7 月 15 日，为了
增强关釜航线运力而开通了博釜航线，这条航线一直存留至战
后。博釜与关釜两条航线相继于 1949 年 1 月 28 日、4 月 12 日
停运（未被取消）。到了朝鲜战争时期，为了运送美国军队，各
船一直开航到 1952 年。关门航线于 1964 年 10 月 31 日被取消，
下关的国有铁道联络船从此销声匿迹。

四 改良失败的原因

——战争与车站

品川站的改良

最古老的车站

从东京站出发的东海道本线列车，由海岸一侧的新干线双线、山地一侧的山手线加京滨东北线的四线，共六条线并行组成。从滨松町出发，新干线的海岸一侧还排列着汐留站驶出的九条货运单线。

通过田町站时，穿过札之辻的跨线道路桥，沿东海道下行的列车会与新干线、货运线一样大幅左转。沿东海道上行的铁路线则和山手线、京滨东北线的轨道向右分离，其右方是排列着电力机车的东京机务段。之后还将提到，即便在东海道本线的机务段之中，东京站的机务段也是传统机务段之一。东京机务段最终于 1986 年 3 月 2 日停止使用，机车属地变更为新鹤见机务段，组织名称改为东京行驶区。

接下来，右侧是品川的客车调度场。此处原属品川客车区，配用东海道及山阳本线的代表客车，客车名由东京南铁道管理局的"南"和品川的电报代号"シナ"（shina）组合而成，标记为"南シナ"（南 shina）。组织虽合并至东京行驶区，但所属客车的标记维持原状（现为 JR 东日本管辖的"东 shina"）。

这个调度场到底有多大，在乘坐从高架上驶过品川站的新干线列车时从靠山的一侧窗户看下去就能意识到。虽然在既有线路的下行列车上看不到，但这里有与东海道上行线相接，主要掌管东海道本线电车的田町电车区。

靠海一侧有隧道口，这是由东京地下站向总武本线延伸的东海道本线的别线线路。加上这条双线，东京站至品川站之间的线路数为 10 条（包括汐留站至品川站之间货车线的话是 11 条）。从线路数量来看，东北本线的上野站至日暮里站之间包括东北及上越新干线在内有 12 条，这一区间是日本国有铁道线路最多的区间。东京站至锦系町站之间的地下线是 1972 年 7 月 15 日开通的，东京站至品川站区间是 1976 年 10 月 1 日，当时超越了上野站至日暮里站区间的线路数（10 条）成为第一位。1985 年 3 月 14 日东北及上越新干线的上野站至大宫站开通，上野站至日暮

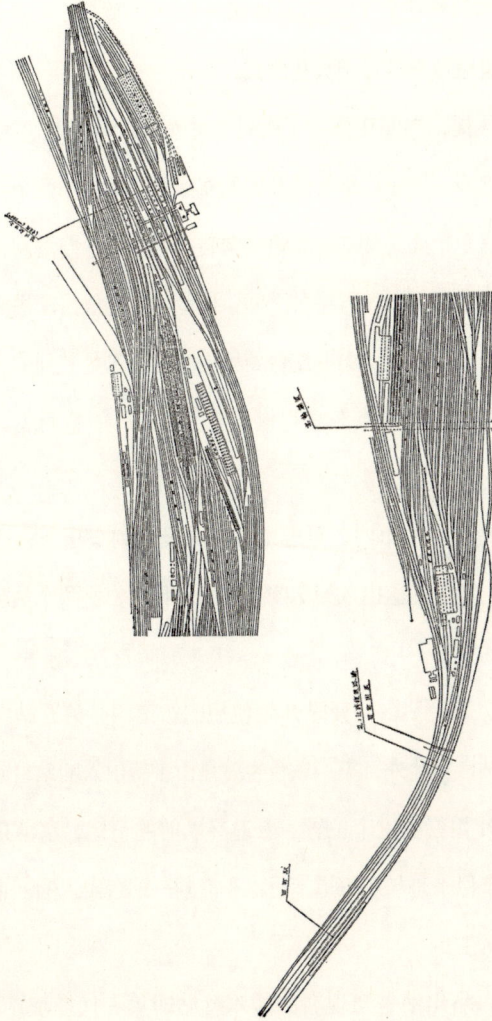

田町站至品川站轨道线路图

里站之间的线路达到 12 条，重夺第一位。首都国有铁道干线的线路数量首位争夺战可谓火花四溅。

闲话休提，书归正传。下行列车进入品川站第 11 条线、第六站台。海岸一侧是由地下线驶出的双线第七站台。两个站台虽然平行，靠东京的一侧却犹如鱼儿向右摆尾一般，向海岸一侧弯曲。在与山地一侧的第五站台之间，调度场的侧线挤了进来，调车机车牵引客车进入。第五站台到第一站台基本是并列的，但第六、第七站台则呈现向东京一侧开放的形态，能感到少许的不自然。

还要提一点，第四、第五站台平时没有列车出入，处于闲置状态。与频繁迎送出入列车的五个站台相比，这两个站台保持着谜一般的宁静。

第六、第七站台是何时开始使用的？第四、第五站台是因何而设的站台？此外，第一站台也就是山手线出入的站台应该并不是从一开始就在这个位置。若追寻以前的记忆，京滨东北线的南向电车似乎是与东海道上行电车沿同一站台出入的。诸如此类，疑问丛生。

总之，品川站是与现在的樱木町站即第一代横滨站同时，也就是明治五年五月七日（1872 年 6 月 12 日）试运行时就投入使用的。这是日本历史最古老的车站。毫无疑问，其变迁令身处现代的我们无法想象。我们姑且先来看第六、第七站台尾部的展开方式。

很明显，这是因为在东海道上下本线中插入了客车调度场和电车区的缘故。这也是调度场的一种类型，叫作抱入式。无论从上行、下行哪边出发，或是到哪一边去，都可以在与本线无交叉的前提下出入。换言之，抱入式的一个优点就是极少给在本线行驶的列车带来障碍。

因为调度场南端已深入站台，所以第六、第七站台的北端弯曲。讲起来并没有不可思议之处，这个站台，特别是第六站台何时开始使用，当然会与设置客车调度场有关。这是显而易见的。

20 世纪 10 年代至 40 年代，品川站被卷入大改良工程的浪潮之中。这显然是受到日俄战争之后干线运输能力增强这一背景影响。

1885 年 3 月 1 日，日本铁道的品川线（今山手线）品川站至赤羽站区间开通，到新桥的列车过轨开始了。在此前的 1872 年，通车时品川站是在现在位置（港区高轮三丁目）稍微往南，

八之山下填海而成的地方。在本芝一带的海中修筑堤坝,铁路线
在旧鹿儿岛藩邸处暂时登上陆地,然后又转入堤坝,经过总长
2.6 公里的海岸堤坝,在八之山下上岸,上岸之处就是品川站。
车站的稍南面,架设了让东海道线从山地进入海岸品川宿的跨线
桥梁。停车场的面积约有 13654 平方米(《日本国有铁道百年史》
第二卷)。

日清战争时,在青山练兵场(今明治神宫外苑)设有临时
停车场,发往宇品的军用列车从这里出发或中转。不过,列车逐
一在品川急转弯效率太低,因此陆军省在大崎站至大井站之间设
置了直通线路,使之不通过品川站。现在从大崎站进入大井工厂
或山手电车区的线路就利用了这段线路。

接着,日清战争后,1896 年计划将新桥站至品川站之间改
为四线(这一区间双线化是在 1876 年 12 月 1 日)。首先增设了
一条线路,此前后品川站筹划扩建,车站应该就是此时搬到了现
在的位置(另有说法认为开始使用三线是在 1899 年,具体日期
不详)。根据铁道通车百年纪念的出版物——东京南铁道管理局
出版的《汐留、品川、樱木町站百年史》记载,是"明治二十九
年因车站扩建搬迁至现址",但别的史料则写着"车站搬迁(新

桥起点三英里六），明治三十四年二月二十六日"。

该史料是陆军文书《品川停车场司令部运输业务实际指导书》（下文简称《实际指导书》），成书时间为 1942 年 3 月。比起战后出版的前述书籍，这本太平洋战争开始后不久出版的史料上，非常详细地记载了车站的变迁日期。究竟是战后铁道管理局或车站保管的史料消失了，还是战后车站史作者探究史料的态度有问题？整体上看似乎是这份史料的可信度更高，但"新桥起点三英里六"不知何意。在收录信息截至 1907 年 2 月的《全国铁道停车场一览》（铁道局编）中，车站间距离是 3 英里 1。因为从 1901 年以来车站位置未变，3 英里 6 或许是 3 英里 1 的误写。顺便说一下，1872 年开通时新桥站与品川站之间的距离是 3 英里 17 链（《日本国有铁道百年史》第二卷）。17 链大约是 0.2 英里，这样就是 3.2 英里，所以向新桥一侧迁移的新车站距新桥起点有 3.1 英里应该是正确的。由此看来，哪一份史料都有不能立即相信的地方，但 1896 年至 1901 年，车站向新桥方向迁移应该是事实。迁移距离仅按照现在的运营英里来判断是 0.1 英里，即 160 米（《日本国有铁道百年史》第六卷记录车站迁移是在 1916 年 5 月 7 日，这是受后来的改造工程影响）。

　　之前曾提到，这次车站搬迁应与新桥站至品川站之间的线路增设计划有关。这一计划可以认为是进入东京市中心的高架建设计划。它作为 1886 年 8 月 16 日发布的《东京市区改造条例》即东京城市规划的一部分，构建了一个纵贯市区的线路计划。1896 年 4 月 28 日新永间建筑事务所成立（《日本铁道史》中编），工程动工。如前所述，新永间指从芝新钱座至永乐町这段区间。在既有线路上从现在的滨松町站向北一路建设高架，在面朝皇居的位置建立中央停车场（东京站）是计划的关键。

　　此后，品川站开始受到改造工程的影响。1909 年 12 月 16 日，到乌森站（今新桥站）的市区线路开通，上野、池袋、品川、乌森四站之间及池袋站至赤羽站的电车开始运行。当日，滨松町站至品川站之间增设 2 条线，成为四线。1910 年 6 月 25 日，这一电车运行延长至有乐町站，当年 9 月 15 日延长至吴服桥临时停车场（中央停车场以北）。（双线与高架是作为四线的组成部分建设的。年表类资料中记载 1910 年 6 月 25 日有乐町站至滨松町站间的四线投入使用，但四线真的投入使用了吗？当时东海道本线列车的终点仍然是新桥站。）

　　1914 年 12 月 20 日，中央停车场作为东京站投入使用，穿过建设中的中央停车场前往吴服桥临时停车场的电车与列车一样开始以东京站为终点（此时，东京站到品川站的四线已完成）。

于是，市区线路工程告一段落。然而，品川站还受到了另一改造计划影响。这说起来，就是第六、第七站台摆尾构造的发端。

填海

"填海八万余坪"的大工程开始了。铁道院东京改造事务所的《东京市街高架线建设概要》中记录了此事。现在拥有宽敞车站建筑的客车调度场，应该就是这一时期修建的吧。但是此时建的不是客车调度场，而是货车调度场。

当时，资本主义的飞速发展促进了货物的流通。在道路尚未完善之前，货物的主要运输组织不得不依靠沿岸航线的船舶和铁道的货车。有些铁路需要为在大城市集散的货物提供运力，就需要为调度货车配备大型的调度场。东京在南北玄关位置的品川和田端都建了货车调度场，这是由日本南北狭长的地理条件决定的。通往日本东北地区的门户是田端，通往日本西南地区的大门是品川。品川和田端都扎根于山手线 [属于丰岛线的一段，池

袋至田端区间于日本铁道时代的 1903 年 4 月 1 日开通。1906 年
11 月 1 日，依《铁道国有法》，日本铁道被收归国有。1909 年
10 月 12 日，在国有铁道路线的起名过程中，品川站至赤羽站与
池袋站至田端站区间成为山手线。1972 年 7 月 15 日，又将品川
站至田端站区间改称山手线，池袋站至赤羽站区间改称赤羽线。
1985 年 9 月 30 日，池袋站至高丽川站开始运行电车，池袋站至
川越站区间直达电车经过的池袋站至赤羽站区间与其他区间被统
称为埼京线（但埼京线不是正式线路名称）]。

纵贯东京的线路当时只有山手线，从日本铁道时代开始，
就是运输上毛与信州[1]的蚕茧、生丝到横滨的重要货运线。但在
山手线与上野方向的分界点赤羽，以及附近的川口，都没有足够
大的场地，此外，这还是运输常磐煤炭的路线。至少从与在隅田
川货运车站进行中转的常磐线的关系来看，选择田端是妥当的。
这里已经有货车的中转调度了。至于品川也是一样，通过在这里
设置调度场，不仅可以与东海道方面连接，还可以通过山手线与
中央本线连接。

1　上毛即上毛野，今群马县一带。信州即信浓，今长野县一带。

这些条件带来了在山手线扎根处建设货车调度场的结果。1912年夏天，田端的建设工程正式开工，该调度场南北长2600米，东西宽280米，面积为30.7万平方米，线路延长39.3公里，从西日暮里站北侧至王子站南侧，形状狭长，被称作"鳗鱼洞"。调度场设置了高坡（也写作坂阜，即英语表示小高坡的hump），货车分线时会被推到小高坡上，再滑下斜坡，按照各自的方向被分别引导到各条线上去。这是日本最早的高坡调度场。

田端的工程于1917年3月（大正五年度末[1]）结束。与此相对，品川调度场于1910年10月动工，前述"填海八万余坪"就是这个工程。在海岸修筑堤坝，铺设铁轨，《铁路歌唱》中"窗边的品川，可见台场，波光粼粼"的情景消失了。根据《铁道技术发展史》（设施Ⅱ）记载，完工后的调度场内建筑面积有42万平方米，是一块比人工造地宽广得多的区域。线路延长约85公里，超过田端两倍。此处也修筑了两处高坡。据《铁道技术发展史》所述，工程是在1921年7月完成的。上文品川停车场司令

---

[1]　"年度"从每年四月份开始计算。

部《实际指导书》中记载"站内扩建竣工（作为高坡场地名声已成）"的日期是 1916 年 5 月 1 日。这或许是竣工的定义不同吧。根据守田久盛等所著《铁道路线变迁史探访》记载，这一天大部分工程竣工，开始使用高坡，彻底完工则是在 1921 年 7 月。

此次填海工程从大井权现台购入土地 8.9 万坪取土。从该处以轨距 2 英尺 6 英寸（762 毫米），铺设 18 磅铁轨约 2 英里（约 3.2 公里），用重 9 吨的轻便机车 5 节、运土车 200 节搬运土方。运土车的容积是 67 才（1 才为 1 立方尺，1 尺是 33.3 厘米），运土车 20 节组成一辆列车（《铁道技术发展史》）。后来铁道维修车间从新桥搬到此处，成为大井维修车间。

虽然我想把货车调度场建设的事情先搁一边，但当时的变化眼花缭乱，话题很难中断。品川也好，田端也罢，货车调度场都完工了，但"这样就够了"的情况并未出现。

第一次世界大战带来的繁荣导致货物运输量增大。由表示货物运输总量的吨·英里（由货物运输吨数乘以列车运输英里数构成的复合单位，改用公制单位后为吨·公里）来看，1912 年度的数值是 2 亿 6915 万吨·英里，1917 年度为 5 亿 333 万吨·英里，1919 年度达到 6 亿 2938 万吨·英里，出现陡增态势。1920 年度和 1921 年度受战后不景气余波的影响，仅有 6 亿吨·英里，但 1922 年度达到 6 亿 3650 万吨·英里，超过了经济大萧条前的水准（铁道省运输局书记官中山隆吉编《铁道输送设施纲要》）。

1912 年（或为年度）末的货运列车保有量是 39748 节，1926 年度增加 52%，为 60261 节，标记载重量（每节货车标记的载重量合计）由 327040 吨增加到 760513 吨，增加了 133%。虽说每节货车平均载重量增加了（41%），但管理这么多货车和由这些货车组成的货运列车，对品川和田端这样每日调度能力仅在 2000 节左右的调度场来说，已经超出了极限。

于是，就必须建设更大的调度场了。话虽如此，但品川和田端已没有扩建的余地。没有发展余地这一判断，一定是考虑了当时周边地区街区化的问题。当时东京市区向周边地区扩张的势头猛烈。在这样的状况下，只能在远离市中心的地点寻找场地。

结果，田端这一边选择了大宫。1922 年开始购买场地，1925 年 8 月第一期工程、1927 年 8 月第二期工程完工。品川这一边则建设了品川站至鹤见站的新线路，在鹤见站附近建了新鹤见调度场，1924 年始建，1929 年 8 月第一期工程完工，投入使用。大宫调度场面积为 580000 平方米，每日平均调度车厢约5000 节；新鹤见调度场计划建设面积为 822100 平方米，每日平均调度车厢在第一期工程完工时是约 800 节。1937 年 11 月第二期工程完工，面积扩展到 827150 平方米，每日平均调度车厢达到约 5600 节。

看上去，城市的扩大总会导致调度场也随之扩大。品川一侧的货车调度场并非单单因为面积狭小而搬迁，还有另一个搬迁缘由，那就是东京站客车管理设施狭窄。原本在终点站内选取宽阔场地，设置机车与客车的检查、修理设施是比较有效率的方式，也是一般使用的方式，新桥站、上野站都是如此。东京站中，高架站台的海岸一侧地平面部分，也就是如今新干线站台或铁道会馆一带就建有这样的设施。

然而，上野站也好，东京站也罢，列车一增加，这些设施的空间就显得局促了。上野在田端调度场东侧设置了客车调度场，1924 年 8 月作为贝塚信号所（后来的贝塚调度场）开始运行。1929 年 6 月 20 日，经过尾久的双线开通，东北本线列车改为绕行尾久，客车调度场改至尾久客车调度场。

调度场与站内的改造

不过，东海道本线虽说在品川调度场的旁边，却也不能轻易地取得场地。1923 年关东大地震时制订了东京复兴计划，包括上野站至东京站区间在内的田町站至上野站区间建设计划准备增设两条线路（东京站至田町站之间为六线。新永间建筑事务所时期，东京站至品川站间的六线计划是作为追加计划制订的，但随着高架工程接近尾声，由于无法追加工程费，改为仅在新桥站与东京站两站内设计六线），该计划开始实施之后，东京站增设了海岸一侧的站台，因此客车调度场越来越狭小了。

这个客车调度场的目的地只有品川。品川货车调度场搬迁至新鹤见，在原址修建了客车调度场，这是最为妥当的做法。我们是否可以得出这样的结论：货车调度场终于以循序渐进的方式移到了新鹤见。

当时，出现了修建大规模客车调度场的必要性。除了尾久和品川，大阪在北方直达线修建了宫原调度场，山阳本线在明石站以西修建了明石调度场。在法规上，客车调度场被包括在调度场内。很显然，因为国有铁道将停车场划分为车站、通信场、调度场，所以客车调度场也是停车场的一种。但是，法规上并未区分货车调度场与客车调度场，不仅如此，法规上被定义为调度场的，只有青森、长冈、上沼垂、高崎、新鹤见、小田、吹田、宫原、龙华、冈山、折尾 11 处（20 世纪 50 年代末），其中客车调度场与客货并用调度场只有青森、宫原、龙华三处。货车调度场田端与大宫，客车调度场品川与尾久，未被视作独立调度场。田端与大宫各自于 1961 年 2 月 17 日成为独立调度场，品川尾久的调度场仍被视为车站的一部分。就像这样，提到调度场时，国有铁道法规中有包含在停车场内的设施名与一般设施用语两种，很容易混淆。本文姑且以后者的用法来讨论。

然后就像这样，一地要建设客车调度场时，需要实施拆除高坡、改变线路、转移机车库等多项工程。1937 年 2 月工程动工，位于现田町电车区一带的品川机务段业务大部分都在这一年转移到新鹤见。根据停车场司令部《实际指导书》，当年 10 月 10 日东海道上行线高坡停止使用，11 月 10 日山手线上行线也停止使用，到 1939 年 3 月末主要工程基本完成。靠田町一侧的札之辻、月见、海岸、高轮、白金等停留、检查客车的群线建设完成，在品川机务段两个扇形车库旧址上移入了掌管横须贺线电车的田町电车区（与现在的位置基本无异），田町电车区原址上移入了东京机务段（1942 年 10 月。话虽如此，电力机车车库等之前就在这里了，或许只是组织上进行了搬迁）。

伴随着工程的进行，对品川站线路与站台的处理也发生了很大变化。进入品川站的线路，除了东海道本线有山手线外，还有 1914 年 12 月 20 日与东京站同步开通的东京站至高岛町站之间的电车，即现在的京滨东北线（由于准备不足，该线路故障频发，12 月 26 日停止运行，次年 1915 年 5 月 10 日重开）。此外，京滨电铁（今京滨急行）线路延长。因为京滨电铁驶入远离国有铁道的位置，如果将其排除在外的话，应该如何对待东海道本线的长途车与山手线、京滨东北线的电车，就成了问题。

东京站至高町站间的电车开通时，品川站至横滨站间增设两条线，该电车选择与东海道本线的长途车分线行驶。此外，品川站增设两个站台，合计四个站台，其中两个由东海道本线长途车使用，另两个由山手线、京滨东北线电车使用。根据《日本国有铁道百年史》（第六卷），其改造工程完成的时间是 1916 年 5 月 7 日。前文《实际指导书》中 1916 年 5 月 1 日"站内扩建竣

工（作为高坡场地名声已成）"的记载，时间上与此相近。货车
调度场与车站扩建大约是同时进行的。现在的京滨东北线在电车
开通后曾进一步扩建，此前可能是与山手线共用站台的，但现已
无法证实这种推测。

总之，四个站台并列（话虽如此，第一站台为跨线桥到东
京一侧，第二站台为神户一侧，并不是四条线平行排列的状态）
的车站站台建造完成。然而，建设客车调度场时，决定建为东海
道上下本线包裹客车调度场的样式。这一方针计划将非标准形状
的第一、第二站台以跨线桥为基准并列，并且在海岸一侧增设第
五、第六站台。

可以推测，这是因为在运行从东京站到品川站的快速列车
时，还要满足以品川站为据点的军用列车大规模运输要求的缘
故。东海道本线站台为上、下两个，其中一个的一侧由京滨东北
线南向行驶的电车使用。第四站台连多一条线路的空间都没有。
根据要让京滨东北线电车一部分与横须贺线电车在品川到东京之
间会合并快速行驶的计划，第二、第三站台做此用途，第四站台
交由东海道上行线使用。新设站台之中，第五站台军用，第六站
台由东海道下行线使用。

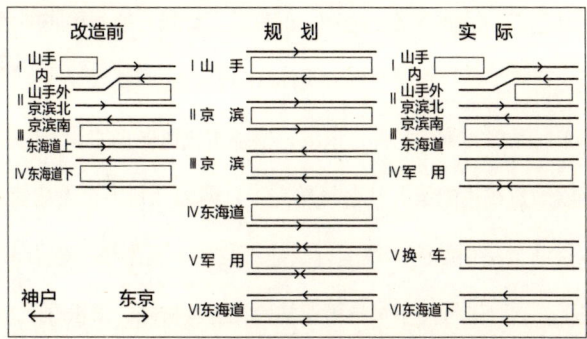

这样的话，军用站台的空间应该是有的。前述品川停车场司令部《实际指导书》记载"下行旅客本线照常完成，昭和十六年七月四日"。然而，第二站台至第五站台的改建遭遇了挫折。"今年 7 月（由封面上的'昭和十七年三月'来看，这一描述无法理解，或许是原封不动照抄了车站的数据。这里当然应该是 1941 年即昭和十六年的七月）旅客下行线更换为 11、12 号线（第六站台），上行线预计 9 月更换（为第四站台），但因为军事运输之故，该计划已无法实施。第四站台作军用线出发到达之用。"

于是，第六站台开始使用的时间及过程就明朗了。这个站台因神户方向终端受限，不得不向东京方向延伸，从而深入客车调度场之中，呈鱼尾状。此外，东海道上行线更换到第四站台的计划，在关东军特别演习到太平洋战争开始之间都因为要发送军用列车而无法实施。此外，京滨、横须贺快速电车的计划也中止了。横须贺线用的第五站台虽然完工，但因计划中止无法使用。在东京站至品川站的六线运行改建工程中，高架桥工程于 1942 年完工；同时进行的东京站第五站台，与新桥站、滨松町站站台的增修工程也竣工，但当年 7 月，线路增修工程中止。这一增修工程是为原本预计在 1940 年举行的"皇纪 2600 年典礼"、东京奥运会及世博会准备的，然而由于日中战争爆发，其中的奥运会和世博会被取消了。

所有的一切都在奔向战争。这成为唯一剩下的道路了。

一切为了战争

停车场司令部与军用站台

第六站台是迈向战争的产物。这样，第四、第五站台也自然而然地明确起来，特别是第四站台，显然是作为军用站台使用的。但是，第二次世界大战以后，将非标准形状的第一、第二站台整合为一个站台，原第三站台成为新的第二站台，原第四站台成为第三站台，序号前移。原来的军用站台成为现在的东海道上行线站台。原第四站台（即新第三站台）与原第五站台之间修建了新的站台，这就是新的第四站台（后述）。

因此，现在的第四、第五站台并不是太平洋战争开始以后的军用站台。但是，原第五站台也因与本线神户方向联系，开始发送军用列车。总之，无论是否直接使用，这些站台都曾发送过军用列车，成为品川站历史上的一个印记。

现在那个用于发送创价学会和其他团体临时列车的站台，背负着关于战争的历史，这一点果然是无法忘记的。

于是，接下来我们依据《实际指导书》，来看看军用站台是如何使用的。

说起来，停车场司令部是什么？这是由陆军《作战要务令》（1938 年 9 月 29 日颁布，军令第 19 号，当年 10 月 1 日官报刊登）第三部设立的机构，设置在主要停车场，负责该停车场及邻近停车场军队人马与军用物资的装载及卸货，同时负有为在途人马提供给养的任务。运送军队时，通常由运输部队任命运输指挥官管理运送任务。但在用列车运送部队时，由于运输指挥官无法独自处理确定运输列车、乘车区间、分配客货车、办理乘车下车手续、安排饮食（包括军马草料）和汤茶补给（军事用语称为给养）等事务，于是就在运送军队的线路上设置线区司令部，在途中的停车场设置停车场司令部，各司令部长官司令官依其职权统管运输事务。

停车场司令官是在运输指挥官和铁道各机构特别是站长之间负责联络的职务，运输指挥官被禁止直接与站长交涉。事实上，如果运输指挥官直接与站长交涉，不仅会妨碍铁道运输业务，在运送多支部队时，反而还会给军事运输带来混乱。

军事运输的法律以日俄战争期间公布的《铁道军事供用令》（1904 年 1 月 23 日公布，敕令第 309 号，是要求当时的私营铁道公司为军事运输服务的敕令）和《铁道军事运输规程》（1904 年 11 月 25 日公布，陆军省令第 3 号，这也是私营铁道公司供给军事运输的准则）为基准确立，这些法令关于运输的规定也适用于当时的官设铁道。这些法令规定了何为军事运输 [特别准备的电车或普通列车中有一节以上为专用，用于运送陆海军部队及其携带物或运送马或军需品（《铁道军事供用令》第 1 条第 1 项）]、军用列车 [为军事运输特别准备的列车（同令第 1 条第 2 项），确立了军事列车直达的原则 [军用列车由装载地直达卸货地（同令第 4 条）] 并明确了运输指挥官的乘车规定 [军用列车设运输指挥官（运输货物时为一般主管），管理装载、卸下及运输途中事务，普通列车作军事运输用途时也应设运输指挥官或主管（《铁道军事运输规程》第 10 条）]。

这些基本法规确保了军事运输的实施。停车场司令部被定位为军事运输中军队一方的执行机构，承担运输部队与铁道之间的联络任务，同时负责运输业务。

司令部位于"该停车场内适当场所"，譬如"以站长接待室充当"（《偕行社诗报》第 52 号，1939 年 11 月）。品川则将其设在走出品川站中心建筑后、隔着一条站前国道的京滨电铁总部四楼。没有设在站内这一点与刚才所说的原则相悖，但除了品川站本部大楼狭小外，还可能有其他原因。

如前所述，《实际指导书》上写有"昭和十七年三月"，是太平洋战争开始之后所作，所以我们首先从组织来开始讨论。

司令官是陆军中佐，司令部下设一般庶务科（少尉、军曹、一等兵各 1 人）、运输庶务科（少尉 1 人、军曹 2 人、上等兵 1 人）、人员运输科（中尉、少尉、军曹、二等兵各 1 人）、货物运输科（少尉 2 人，伍长、一等兵各 1 人）、财务给养科（少尉、军曹各 1 人）和传令（二等兵 1 人），共 19 人。运输业务由运输庶务科、人员运输科和货物运输科分担。运输庶务科处理运输计划表、运输券、后付款证明，制作运输详报及业务详报，与相关部队、官衙、车站进行交涉和联络；人员运输科负责和与上下车相关的各个机构进行交涉和工作指导，确认配车，检查列车部件，同时还负责与集合、休息场所相关的事宜；货物运输科则负责就货物、马匹的装卸与各机构进行交涉和工作指导，确认配车，检查列车及其附属品，也处理与装载设备相关的事项。

实际上兵员乘车的流程是怎样的呢？运输计划表一送到司令部（前一天的 10 点以前），各科就要按照部署开始准备。他们制订乘车计划，与站长联系，决定部队集合场所，确认列车组成、车辆种类、进站时刻，确定卫兵（由军队派出）的配置，通告宪兵和警察（站前派出所），检查运输券，把运输券交给站长，收到乘车券后，检查客车搭载行李。以上准备大致完成之后迎接乘车部队。集合场所设在车站前的岩崎宅邸（500 人以上）、毛利宅邸（500 人以下）或森村宅邸（200 人以下），集合后再将部队引导至车站。

　　部队集合后，司令部人员前往集合地点。司令官也会在部队从集合地点出发前 10 分钟到达并发布指示，部队派遣人员先行到车站内的乘车站台去准备部队乘车事宜。然后司令官在前，第一中队、第二中队依次按照建制顺序从集合地经引导进入车站。部队集合出发是在发车前 30~50 分钟，具体时间根据部队规模或其他条件调整。

　　从集合地点出发的部队想要进入车站必须跨越一条公路，这条公路就是京滨国道。这里有京滨市电（后来的东京都电）的品川站前车站，道路交通量很大。部队通过时，会阻断道路交通，因此要出动卫兵、宪兵。此外，车站相关人员肯定会参与，站前派出所也会事先收到通知，由警察来管理交通。即便不是这样兴师动众的时候，士兵的家人、友人蜂拥而至的情况也很多，交通量很大。对于士兵的亲友们来说，至少要看一眼丈夫、父亲、儿子、兄弟或友人，出发前至少还要再看一眼，有时还想再说句话。即便出发是完全秘密的，也可能会从不知哪里走漏消息，人们会纷纷涌到品川站来。

　　东京的部队出发之际，从宿营地行军至品川时，人们虽然被限制在人行道通行，但还是跟在部队之后。无论是夜晚还是白天都如此，时间并没有分别。当然，人们不可能被允许进站，因此都蜂拥到站前的广场上。

1941 年 7 月 16 日，一位加入东京九段近卫步兵第 1 连队的 31 岁士兵，连代表应召上战场的红布带都没系上就出发了，"穿着平时的衣服，用包袱包着奉公袋[1]，头发也没剪"。这样的服装是依照在乡军人分会[2]的指示。他来到位于小石川的东京文理大学（后来的东京教育大学，今筑波大学），以预备役军官为主的四个中队整队之后深夜开向品川站，来到岩崎宅邸的广场。

"虽说是夜间秘密行军，或许是哪里泄露了消息，清早在岩崎宅邸周边，送行的人们已聚集成人墙。家人为了看他们一眼、同他们道别，都蜂拥而至。"（竹森一男《士兵的现代史》，1973）宪兵们驱赶着人群。士兵们一开始按照建制顺序走向品川站，"四列士兵纵队外，几层人墙向内涌动"。即便看到家人、友人，却也不能说话，不能弄乱队列。

日中战争爆发后不久，大概是依军队的要求，铁道省发布命令，军队出发时禁止普通人在车站内为部队送行。挥舞着日

1　被征召的士兵用来携带必要文件和个人物品的棉布袋子。

2　由预备役、退役军人组成的团体。

之丸的国旗，挤到车窗边依依惜别的场景，至此不再被允许。

回国的时候也许是例外。青岛幸男在《人间万事塞翁之丙午》中说，花的丈夫青山次郎从中国战场回国，于 1940 年 3 月 1 日抵达品川站［这时回国，应该是中国中部派遣军第 101 师团复员（依据 1939 年 11 月归国令）］。从他回国入境的港口宇品事先发来了电报，于是家人与邻近的人们来到品川站的到达站台迎接。

无论如何，送行的人们都是拼了命地往车站前挤。据说还有蜂拥到隔壁站台的情况。要引导部队进入，就要先把这些人彻底限制住。

部队一进入站台，司令部人员就用站台的扩音器喊出整队、集合的指示。列车在出发时间前 40 分钟驶入第四站台第 8 号线。部队按照客车的载客数分乘，提前派来的人告知各自队伍要乘坐的客车。各队列为四列横队，然后扩音器传出"上车"的指示，各队开始上车。先来的人先上车，打开客车中部的窗子，按照定好的顺序就位。

士兵们按照要求将武器装备放到座席旁或置物架上（参照下图）。于是可以坐下了。接着运输指挥官会命令"将百叶窗关

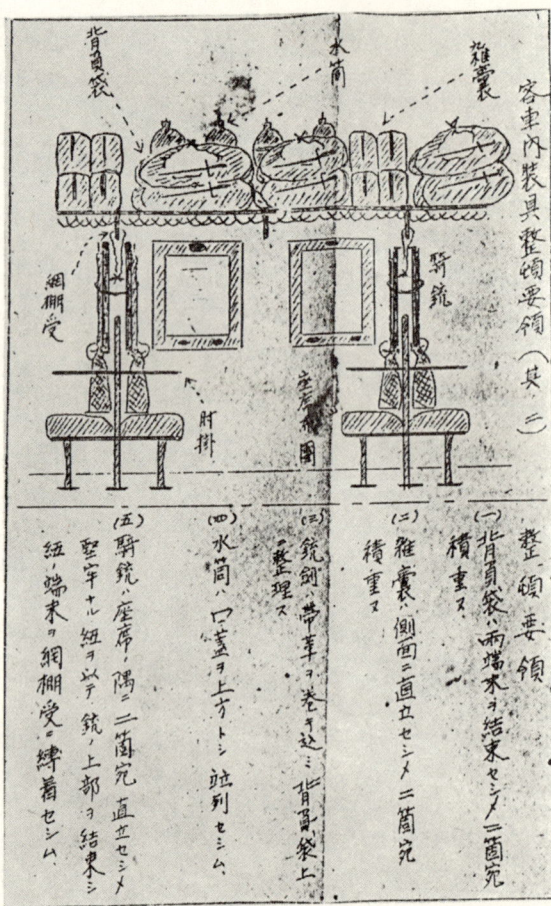

《实际指导书》的内容

上"，这或许是为了保密，不过更重要的或许是为了将士兵们与隔壁站台拥挤的送行队伍隔开。

当然，出发站台除了运输相关勤务员、卫兵、宪兵、警察和佐官以上军人外，其他人无司令官允许禁止入场。拉上百叶窗（当时的木质客车经常使用）或窗帘的列车，当然也没有挂显示目的地的牌子。从窗内是看不到外面的，这是不一样的列车。车内就座的士兵们，每节车厢派出八名勤务兵来搬运便当。

《实际指导书》中按"以品川为中心的各便当供给站"制作了东海道、山阳、东北（仙台以南）、常磐、中央（盐尻以东）、总武、成田（千叶站至成田站）各线的"便当承包人一览表"。从中可以知道各店家的制作能力、拥有的汤茶补给设备、是否有军用便当制作经验、是否有相关设备及设备规模、他站供给范围等。在品川站，品川的常磐轩、新宿的田中和大船的大船轩是主要的便当提供者。

常磐轩的制作能力是平常 1000 份，临时 3500 份；田中是平常 2000 份，临时 3000 份；大船轩是平时 5000 份，临时 10000 份，都有汤茶补给设备、有制作军用便当的经验。这些便当在大船作为列车手提行李（约 40 公斤的箱子），在新宿站用火车送到品川站，到站内则用手推车运送上车（一节车厢可以装便当400个或450个，汤茶用四斗樽3~4个）。大船轩的军用便当平时10000个，最多一天可供给30000个或40000个，其制作能力远远超过了一般便当铺子。田中一天也可制作军用便当5000个。常磐轩来不及时，大约会向大船轩或田中下单。

在站内有烧水处供给开水热茶。一次可以烧一石五斗（约288.6升），花费近两小时，一昼夜可烧20石（约3608升），可以补给约4000人。烧水的工作靠车站"援助"，取水、运水则由各便当店家负责。

便当和开水热茶补给结束后，列车等待出发。没有欢送的旗帜，没有日之丸小旗，也听不到"万岁"的声音。偶尔从其他站台看见这趟列车的人，或是从恰巧经过的列车上看到的人，即便明白这趟车是军用列车，也得装出一副什么也不知道的样子。由于不知道便衣宪兵和警察会在哪里监视着，所以不可以指指点点，也不能发出声音。

即便想到明天出发的就是自己，即便想到丈夫也会那样离开，也绝对不可以出声，必须保持全然不知的姿态。若发出叹息声，即便只是一时情感流露，也会被当作"厌战、反战"；若是指指点点，数了车厢的数量，毫无疑问会被当成间谍，因此只能装作不关心的样子。

列车沉默着驶出，人们也只能沉默着送行，这就是军用列车的出发。《士兵的现代史》中记载，"人群朝站台一拥而入"。于是"宪兵呵斥，禁止人们靠近列车，货运车厢的百叶窗迅速关上。出发之后，士兵们静悄悄地低下头，家人依依惜别的无言之声，他们到底还是从耳朵根听到了"。

第四站台的历史

品川站第四站台就这样送走军用列车。不只是送行，归国者乘坐的军用列车也会驶入这个站台。但是，太平洋战争开始后，归国的士兵多已成为伤患或遗骨。《实际指导书》对如何对待这些伤患和遗骨做了详细的指示。至于战后迎接所谓复员列车时，军队已经解体，因此本该迎接他们的停车场司令部也不复存在。

除此之外，品川站还负责发送马匹和货物。军用列车有时会同车运输人员和器材（马匹），有时则会将货物分开运输。前者由3~10节客车，30节左右货车组成；后者的话，人员专列由15节客车组成、器材（马匹）专列由30节货车组成。前者在品川的发送能力是一日 12 趟，后者是军用客车一日 24 趟，军用货车一日 24 趟。客货混合时，12 趟列车的情况是"站内线路及设备不得已只能横跨本线更换车厢，依据现状，普通列车、电车的运行次数被频繁干涉，无法充分发挥能力"，站内列车的运行受到限制。海岸一侧编组的货车停靠第四站台，将客车从第四站台转送到货车下行本线或中转站台（货车下行中线）的时候，也必须跨越下行本线。由线路的有效长度来看，8 号线有 361 米（20米长的客车 18 节），货车下行本线和中线长 465 米（货车 60 节）。货车线的有效长度特别长，让士兵们乘车之后，把客车转移到货车下行线的做法，更便于列车编组。因为军用列车的编组是按照"目的地为浪速、大阪港、神户港、广岛宇品等地的列车，依客车、马匹装载有盖车、其他货车的顺序（原则上东海道下行客车在前、货车在后）"来排的。就像这样，下行时客车在前，货车在后。若把货车转移到第四站台，转移的货车撤回到靠东京一侧时，就必须要避让从同样靠东京一侧的客车调度场调出的客车。若是将客车转移到货车下行线的话，只需要把货车固定在下行线上，把客车撤回到靠神户一侧退避，再与货车连接即可，改换操作非常简单。

这样的话，客车编组先让士兵乘车，再把编组转移到货车线（上行线下行线皆可）退避的方式是最有效率的。8 号线当然有东海道旅客线的上行（东京方向）和下行（神户方向）线路，货车能够直接发车的下行（新鹤见方向）线路也已建成 [货物上行（汐留方向）只需要先撤回到上行线的新鹤见方向再掉头行驶即可]。

对于需要随机应变的军用列车来说，这样设置线路是最有效率的。但是，这些转线与改换给东海道旅客下行线、货物上行线和下行线造成了障碍，只能说运输效率是极低的。

事实上，我们看不到军用列车如何发车的记录，无法知晓实际情况。不过关于所谓关东军特别演习的情况，倒是可以从很多方面推测。1941 年 6 月，日美关系已陷入紧张状态。18 日，陆军为能够迅速应对南北（即美英、苏联）都进入交战状态的情况，提出"南北准备阵态势"的战略构想。根据这一构想，为同苏联作战，"满洲国"与朝鲜需要配备至少 16 个师团的兵力。当时"满洲国"有关东军师团 12 个，朝鲜有 2 个。在此基础上陆军将组织并派遣宇都宫第 51 师团、弘前第 57 师团前往，以强化在"满鲜"14 个师团的战斗力。

　　四天后，德国对苏联宣战，德军在苏联境内发动了闪击战。日本陆军内，立即对苏开战论的声音越来越大，他们并未把四月缔结的《日苏中立条约》放在眼里。外相松冈洋右在柏林访问时未被告知德国此计划，也无从获知，归国途中到莫斯科签订了《日苏中立条约》，使得与美国的关系恶化，因此失去了作为外交官的立场。7月2日大本营政府联合会议（御前会议）制定"因形势变化而改变的帝国国策要纲"，陆军依此发出对苏作战动员。7月5日发出大陆命（大本营陆军命令）第506号，7月7日依此发布动员令（第100号动员）。11日关东军将依据大陆命第506号进行的秘密备战称作关东军特别演习。

　　第100号动员分为两次，第一次称作第101次动员，以7月13日为动员首日。此次重点主要是为在"满鲜"的部队补充兵力，以完成战时编组。第二次以7月28日为动员首日，主要实施第51师团和第57师团的动员。日本国内的集中运送从7月22日开始。

　　动员的实际情况不明，但大约是增加兵员40万人、马15万匹，使总兵力达到70万人。物资方面，弹药由现有30个师团作战所需的数量增加到48个师团作战所需的数量（增加60%）；反坦克武器、物资譬如速射炮由 60~90 门增加到 300 门（增加 3.3~5 倍）；还有 150 公里的铁轨。需要运输的物资有如此之多。运输达到最大规模的时候，用于海上运输的船舶征用吨数为 150 万吨。

关于铁道运输量，据《朝鲜交通史》（1986）记载，7 月 15 日在奉天（沈阳）召开"鲜满特输紧急干事会"。这是"满铁"与朝鲜总督府铁道局的会谈。据此，以朝鲜釜山、马山、丽水为卸货港，7 月 21 日以后，由米加型机车牵引、40 节编组的货运列车（换算为 24 节）一日十数趟北上。

"满铁"或朝鲜总督府的可转向货车运力为一节车厢 43.5 吨，24 节车厢 1044 吨，每日运输能力为一万五六千吨。以 7 月下旬后近一个月时间的运输量估算，粗略统计可达约 40 万吨。如果在日本国内运行的是 1000 吨牵引的货车，果然可以认为每日运行的列车有十数趟。此外从士兵来看，若以一个月运输 40 万人来算，每天必须运输 13000 人左右。每趟列车的载客量为 1000 人左右，以军用客车运输时，每天必然要有 14~15 趟。

总之，军用货车、客车加起来如果不运行 30 趟左右，是无法实现这样的动员运输的。

结果，对苏战争最终没有出现，8 月 9 日放弃武力，但运输仍实施到 8 月下旬。8 月 23 日，参谋总长杉山元大将向铁道大臣村田省藏送去感谢信，对其协助表示感谢。

这样的运输给品川站第四站台及此后数年间的站台状态造成了决定性的影响。第四站台作为东海道上行线使用的计划被中止，随后太平洋战争爆发，次年 7 月，连东京站至品川站的线路增设工程也中止了。

太平洋战争结束前，第四站台一直作为军用发送站台使用。

"二战"后，1953 年 4 月山手线逆时针线第一站台停止使用，以原第二站台为第一站台，供山手线顺时针线、逆时针线使用，原第三站台作为第二站台由京滨东北线南向、北向使用，原第四站台更名为第三站台，供东海道旅客上行线使用。第四站台空缺。

1960 年 12 月 15 日，第三站台（原第四站台）、第五站台之间新设第四站台，作为东北、奥羽、磐越方向年末临时列车出发站台投入使用。第四站台与第五站台一起作为临时列车发送站台再生。这样，我们从第四站台的变迁史中，可以读出品川站的改造与战争导致改造中遇到挫折的这一系列经过。

五　移动的据点和公共的空间

——战后的车站

战败与车站

战败之日

1942 年 7 月至 1945 年 6 月，当时在京城帝国大学的西顺藏写了一本《日本与朝鲜之间》（1938），回顾自己在京城（日本殖民时期对首尔的称呼）与"内地"之间往返的体验。他乘坐晚上的急行列车从首尔出发，第二天早上在釜山坐联络船去往下关。"登船时长长的队伍中，到处都站着便衣警察，意在抓捕当时所谓的主义者[1]及不逞鲜人[2]。内地人或许危险不大，但如果是朝鲜人，可能因为这一点就即刻被当作嫌疑人。那时的世界对人权完全没有概念。平时或许也这样，但在登船这样的场景中，

1　"二战"前后，日本对左翼人群的称呼。

2　20 世纪初日本人对有犯罪行为和参加反日运动的朝鲜人的称呼。如今这个词被视为歧视语。

这种情势尤其让人发颤。（中略）这个场合下朝鲜人的恐慌，我所想象的大概远远不及他们所感受到的。有人在我的眼前被拉出队列的事情，前前后后发生了三次之多。"

1945 年（昭和二十年）3 月，西顺藏在广岛收到征兵令。由于赶不上报到时间，他就以广岛宪兵队带有日期的征兵电报为证明，拿到了车票。但是到了下关站之后，关釜联络船不出航，站内广播让乘客去博多。博多通向码头的宽阔疏散道路[1]尚未修整，还是各种建筑物横七竖八倒在路边的样子。随后他在体检中因身体条件不合格，被命令立刻回乡。这次是带病于 6 月折返京城站。他在候船室中被告知关釜联络船停航，第二天虽经人介绍得以与某矿业公司的两名员工一道去往釜山，但是乘船的入口却与以往不同。过去的登船口处排着无穷无尽的长队，全是要被强行带去日本的朝鲜人。

这个联络船没有在下关，而是在仙崎入了港。当时有 B-29 轰炸机在海上投了水雷，触雷事故频繁发生。4 月 1 日从下关出发的兴安丸号触雷后，旅客就改为由博多港进出（《关釜联络船

---

1 指"二战"中为了切断空袭火灾的蔓延而拆除部分建筑物后拓宽的道路。

史》)。为了躲避水雷，博多、仙崎、须佐先后成了出发到达港口。6月20日，关釜航线的联络船改由海运总监部运营，负责新潟与罗津、敦贺与清津之间的航运任务，这也就意味着战败后关釜航线迎来正式的结束。

《日本空袭记》的作者一色次郎，战败那天在熊本站滞留了8个小时。凌晨一点，下行列车进站。1945年8月15日，列车开出熊本站下一站的川尻站，但是不提速，后来又在缓慢行进中停了下来。停车的地点是绿川桥前，桥梁因为轰炸已经掉下去了。虽说轰炸是11日的事情，但是工兵队的修理工程迟迟没有进展，于是人们从附近架起的一座木桥过河步行。此后又过了一座浦户川上的桥，在八点到达宇土站。下一班下行列车要等到傍晚六点。因为当时的日本已经被剥夺了制空权，所以列车不能在白天运行[1]。

"车站内，货运列车保持着刚到站时的样子，被烧得体无完肤。列车里面只装了一架飞机的引擎，被烧之后生了锈，经受着风吹雨打。费了老大的劲运了过来，却因为在途中遭遇空袭，无

1　白天运行的列车，极有可能遭遇空袭。

法送达位于大隅半岛的鹿屋市特攻基地。"

　　也有人从南部过来。"我"向那个人问了线路的情况。汤浦站至田浦站间不通车，川内川的桥及其他很多桥也都被炸沉了。"在掉落的铁桥间停留的列车，夜里就在那段短短的区间内咣当咣当地往复行驶。"

　　总之，"我"已经断了回故乡的念头，决定回北部。

　　作者当时在西日本新闻社东京分社上班，正在去往鹿儿岛的路上。1944 年 5 月开始到 1945 年 8 月写就的《日本空袭记》，是向我们介绍太平洋战争末期日本国内人们生活的重要记录。

　　作者走过绿川上架设的临时木桥，坐上熊本市营电车去往熊本站，然后再前往南熊本站转车去拜访一位婶婶。在 11 日遭受空袭的熊本市内，市营电车也不能正常运行，到了白川，得步行跨过木桥。到了下午一点，他终于抵达南熊本站，在那里坐上熊延铁道列车，在列车上等了一个小时，不知不觉就睡着了。后来他在人们的喧哗声中睁开眼睛，听到邻座的中学生说："刚才通告说列车要到十二点才发车。"

　　那一天，人们在各种地方得知了战败的消息。

　　当然，在旅途中的车站上听到战败消息的人很多。但是这本记录，展现的是 8 月 15 日天亮前的熊本站、烧毁的货运列车被搁置在线路上的宇土站以及南熊本站三个车站战败那天的情况。

由此我们可以知道，熊本以南的鹿儿岛本线因为空袭已被切断。那年秋天，盟军计划在南九州登陆，日本方面对此已有准备，故加强了防守工作。这时候的运输线路，应该是为本土决战做好了准备。但是这份记录显示，本土决战的准备，尤其是运输线路，早已受到破坏。

鹿儿岛本线的列车线路被切断，几乎丧失了运输能力。熊本市电虽然也遭遇了袭击，但是尚能运行，还有就是"顶着细长的烟囱、拖着火柴盒一般的客车车厢慢悠悠地行驶着"的熊延铁道上的列车。在这样的状态下，战败降临了。在丰肥本线上距离熊本站一站之遥的南熊本站，一切还如往常一样。候车的人们议论："听说要讲和了，是真的吗？"旁边的陆军军官说："是谣言。"这就是当时的氛围。

还有一份贵重的记录是宫胁俊三写的《时刻表昭和史》。涉及的场所是米坂线今泉站。

"今泉站站前的广场在盛夏的阳光下显得十分刺眼。广场中央摆放着一张桌子，桌子上有一台收音机，拉着一条从站内拖出的长长的电线。"

人们聚在一起，围着收音机组成一个半圆。11 点 5 分，军管区新闻中断，开始播放天皇的讲话。"播放结束后，人们还像木头一样沉默地站着，好像在犹豫可不可以从收音机前离开。蝉鸣声此起彼伏，是一个让人头晕目眩的盛夏的正午。"

随后不久，一位女检票员通知说，去往坂町方向的列车已到站。

"爸爸和我站在今泉站的站台上，等待米泽开来的去往坂町的列车进站。我当时觉得这种时候还能有列车来简直难以相信。"

列车进站了。机车与乘务员，都和平时别无二致。从助役[1]手上接过通行路签的过程也没有变化。

"昭和二十年八月十五日，日本的列车无视已事先被告知的那一历史性时刻，依旧按照时刻表行驶。"

那一天发生的可谓是空前绝后的大事件，但即便是这样的

1　车站职位之一，多数情况下相当于副站长。

日子，列车依旧在运行。熊延铁道也好，米坂线也罢，列车还是会载着形形色色的人奔驰。不管是那些对战败半信半疑的人，还是那些只是觉得早晚会来的事情终于到来的人，又或者是那些对即便发生这样的事，日本的土地也没有变化，列车依旧在大地上奔驰表示感动的人。

永井荷风也是其中一人。因为东京遭遇空袭，永井从明石前往冈山，路上又再次遭遇空袭。8 月 13 日他拜访了疏散至胜山的谷崎润一郎。他乘坐伯备线列车从冈山前往新见，再从这里转乘姬新线。在冈山站购买车票的队伍很长，据说是大家为了按照旧历过盂兰盆节而纷纷出行所致。这一景象与东京和熊本不同。在胜山，永井吃到了其他地方早已吃不到的美食。见到谷崎的永井吃着 8 月 15 日的早餐说："在当下这个世道里，我现在的心情如同在吃八百善 [1] 的料理。"随后乘上了于 11 时 20 分由中国胜山站发车的列车。因为 6 月 10 日修改过时刻表，所以有了姬路发车开往广岛的 803 次列车。时刻表上写着 11 时 26 分发车。这趟列车到达新见是 12 时 25 分。永井写"每个车站都能看见为

1　东京名店。在江户时代确立了会席料理，是江户时代最成功的料亭（餐饮店）之一。

应召上战场的士兵送行的小学生队伍"，也就是这个时候，播放了天皇讲话。

从新见到冈山的列车是由米子开来的冈山方向 910 次列车，于 12 时 34 分离站。换乘之后，永井打开谷崎夫人用心准备的便当。"白米做的饭团，还有海带佃煮，再配上牛肉。欣喜之余不知所措。"两点过后（时刻表上是 14 时 40 分），抵达冈山站。"在空袭后街道废墟中的水龙头下洗了脸，擦了汗，一路休息一路回到位于三门的寓所。"然后听说"今日正午的收音机播报，宣布了日美突然停战的原因"。

虽然没有描写空袭后的冈山站是什么模样，但是第三天"邻居恰好想去津山，赶到车站后发现工作人员都没来上班，列车也处于停运状态"（以上来自《荷风全集》第 24 卷）。

我们可以推测，受到战败的冲击，列车也停运了一段时间。作家高见顺是在镰仓家里收听了天皇讲话，随后就招呼上朋友同去东京，一起来到了镰仓站。

"车站和平时一样……电车车内也与平日别无二致。大概比平日稍微空了些。"

随后，他们到了新桥站，"走廊里有宪兵出没，站在检票口。

但是民众的情绪还是非常稳定。一派平静的气氛。没见到一个人亢奋"(《高见顺日记》第5卷)。

这样的稳定意味着什么？让我们再听听下面这个战争孤儿的话。这个小学（当时叫作国民学校初等科）六年级学生因为空袭失去了父母，成为所谓的流浪儿，在上野站的水泥地上铺上报纸就睡了。

"我听说车站里的大喇叭会播放特别新闻，就走到大喇叭跟前。一直吵吵嚷嚷的上野站突然安静了下来，仿佛空无一人。所有人都低下头，听着天皇陛下讲话。车站员工最先哭了出来，之后车站里很多人一起哭了。我想到'在那场战争中父亲与母亲都死了'，哪怕说还是个孩子也受不了了。我也哭了起来。"（田宫虎彦编《战争孤儿的记录》，春泽光夫的回忆）

诚文堂新光社的小川菊松为了买芋头出门，在房总西线（今内房线）的岩井站听到了天皇的讲话。他意识到"今后讲英语是必备技能"，于是回东京一气呵成制作了一本B7大小共32页的英语对话小册子。这本《日美对话手册》一个月内狂销400万册。对于前一天还拿着猎枪准备应对美军登陆的他来说，真是180度的大转变。

管理车站的人们

上文这些各种各样接受战败的方式，都是以车站作为媒介的。那么运营着这些车站的负责人又是如何记录战败的呢？前面我们讲到南九州日丰本线在战争中被切断，线路上龙水站的代理站长白石虎信留下了关于当时的回忆。这份记录显示了与东京和冈山完全不同的信息传递方式。

7 月 27 日 12 时 45 分，鹿儿岛站受到美军舰载机攻击，车站内约 400 人被炸死。国铁 125 名男职工、150 名女职工中各有 3 人和 9 人被炸死。女职工大多是 17 岁至 19 岁的少女。当时担任鹿儿岛站指导助役的白石虎信在《鹿儿岛站遭遇轰炸的日子》一书中记录了遭空袭后的惨状，该书于 1958 年出版（1975 年刊行增补版）。空袭这天，11 时是国民义勇战斗队鹿儿岛站队的集结仪式。根据《义勇兵役法》，政府公布了国民医用战斗队令，工作队伍被改编成战斗队队伍。集结仪式到了最后时，美军飞机逼近。车站中，受了伤的少女喊着"我们出生在不幸的年代"后死去，作者将这一切都记录了下来。

8 月 15 日这一天，作者在龙水站任代理站长。这个车站是日丰本线从小仓方向驶来到达鹿儿岛站的前一站。当时龙水站与鹿儿岛站之间不通车，龙水站相当于日丰本线的终点站。

"我觉得这一天从早上起，人们就开始纷乱不安。"

十点左右，两三个青年大声说着话，展开了一张用墨汁写着粗体字的纸卷。好多人围了过去，有几个孩子小声地说："输了吗？"一名青年大声说了句"真可惜"，用力把纸揉作一团砸到地上，最后人们四散开去。

展开那张纸，上面写着日本决定投降，还有《波茨坦公告》的内容。作者由此得知投降的事实，早于天皇讲话。

十二点左右，有三个男人朝办公室走去。"三人都随随便便穿着褪了色的灰色西装，向同一个方向斜戴着平顶帽。"他们相互说着："我们大概也活不过两三天了。"有人走上去问他们的身份，得到的回答是县警的特高科员。他们猜测自己可能会被美军击毙。车站女职员端来茶水后，他们又感慨道："大概是最后几次喝茶的机会了。"随后离开了。

"关于战败，那天一早我们就听说会从收音机中听到天皇陛下的玉音放送。但是我们自己的工作也很忙碌，无法腾出时间去听临时播报。"

这个车站也没有可以收听播报的收信机。

"传言说在那天的十二点，还会重播一次录下来的玉音，但是我最终并没有听到。"

如此看来，龙水站大概事前没有收到关于天皇讲话的消息。收音机里从前一天起就在反复预告，但是车站既没有收信机，业务又极度繁忙。于是，作者在不知道天皇有讲话的情况下，突然就看到了青年们拿着投降的文书。结果还流传出当天早上就已经播报过天皇讲话的消息。

青年们拿着的文书，可能是从报社或者广播局传出来的。早上十点左右，有会在车站播报战败消息的传闻。于是作者产生了天皇讲话应该是在那之前的错误认知。大概那个时候，电讯电缆也不正常。龙水站在消息传播上处于孤立状态。在那样的条件下，战败的消息不是由官方传达，而是在一个非常偶然的机会下被带给了人们。

米坂线今泉站为了听天皇讲话，将收听广播的收信机拉到车站前的广场上。上野站大概是通过车站的扩音器向恰好在车站内的人们广播了天皇的讲话。从鹿儿岛站派遣了代理站长来努力操持运输业务的龙水站，在当时的环境下，通信基本中断，连天皇讲话的时间都不知道。天皇的讲话，也就是说战败这一消息的传达，不同车站有着很大的区别。这么说来，鹿儿岛本线上的川尻站或宇土站又是怎样一种情况呢？这些车站与龙水站一样，为了应对盟军登陆，应该也处于线路中断的状况下。

当然，对于这样的地方，不应该指望有类似东京及周边一带，比如镰仓站或者新桥站那样的车站氛围。当时负责《文艺》杂志编辑工作的野田宇太郎，一听到天皇讲话，就迅速乘坐中央线来到市中心，在新宿站下了车。

"电车内和街上的行人们也有着各种各样的表情，或是相互松了口气，或是一起落泪。在新宿站的站台上，互不相识的人们会彼此拍拍肩膀，说一两句安慰的话。"（野田宇太郎《桐后亭日录》）

这样的情景确实反映了东京当时的状况。因为空袭，以东京站为代表，很多车站都被烧毁了。但是，可以说这里没有南九州那样带有紧迫感的气氛。

我们不如借用野田宇太郎在《桐后亭日录》中的描写来回顾当时的情况。"在战争结束的两天之后"，新宿站出现了"异样的光景"。

"总之，从轰炸与死亡的重压中解放出来的人们可以喘一口气了，新宿站也成了异常喧哗的地方。有一群穿着寒酸防空服的姑娘，看年纪大约是女校毕业生，不知从何处集合到这里。她们的队伍庞大，有成百上千人，好像为了某个特殊的目的，一起登上了脏乱不堪的列车。她们可能是被什么组织带去中央线的某地，比如山梨或长野的山岳地带。"

这一光景到底是在盟军登陆前让召集来成为女子挺身队队员的年轻女性疏散回乡，还是在将从山梨与长野征募来的队员运回家乡，尚不明了。无论是哪一种，都可以说是在盟军登陆前让她们"疏散"。正因如此，"新宿站成了异常喧哗的地方"，给看见这一场面的人留下了深刻的印象。

占领开始

车站再一次产生变化。据说从熊本收容所遣返至鹿屋的盟军俘虏会在 9 月 5 日或 6 日抵达鹿儿岛站。之后不久鹿儿岛站站内还会安装好 RTO 设施。RTO 是 Railway Transportation Office 的缩写，是建造在日本车站内，占领军拥有治外法权的区域。也就是说与"驻军"的专用列车一起。这也是"被占领的铁道"的实际状态，是"被占领的日本"的象征。人们全方位感受到被占领的现实。

在 RTO，着装整齐干净的美国军人，以精干抖擞的样貌进出车站。其中有一些从事运输业务的人，即便到了冬天，在暖气设备完善的房间中也是脱了外套工作的。然而在北风萧瑟的广场上，拽着皱皱巴巴的衣服等待列车的日本人排着长长的队伍，那是冬天特有的、人们在风中凌乱的景象。

美军把美国车站的候车室及办公室原样搬了过来。即便在被烧得七零八落的车站里，也有那么一个角落是整齐有序的。这就是美军占领下的日本的状况。

在这种占领开始之前的 8 月 30 日，永井荷风离开冈山，回到东京。他记录了前一天的情形："与旅游服务中心的事务长见了面，递过去一包金子，于是拿到了去东京的二等车票。"也就是说他是走后门拿到的车票。从前一年 4 月开始，日本实行旅行管制，如果没有旅行管制官发的许可，就无法购买 100 千克以上份额的车票。公务出差、拿着写有"父亲病重"的电报或是拿着受灾证明的人，才可能拿到旅行许可。因为车票的销售每天有限额，所以他们并不知道自己能不能当天买到车票，只有排着长队等候，无休止地浪费时间，内心的不安与烦躁情绪难以抑制。这种时候，也正是这种时候，这类背后操作开始横行。车站成了强力管制场所的同时，为了逃脱管制而出现的违法行为也屡见不鲜。

30 日午后近两点。冈山站"自停战以来每日站内都有很多复员军人"，但是见不到常规列车与临时列车进站。"等了两个小时，只看到有货车空荡荡驶来，于是跳上车，到夜里九点抵达大坂站。"永井又等了几个小时，在第二天（31 日）天未亮时，坐上去往东京的列车。"车上挤满了从吴军港回来的水兵。"

回到东京的永井，依靠熟人在热海找到了临时居所。他向别人询问占领开始前后的情况，记录下来。

9 月 10 日记录的内容是这样的。前一天出门去东京的邻居，乘坐末班车回家途中，在藤泽站遇到"一队四五十人的美军"登上列车。乘客被要求下车，邻居在车站待了一宿之后，乘坐第二天的早班车才得以回来。

10 月 21 日，"昨天开始，对食品黑市的取缔力度加大，车站之类的地方有人在盯梢"。

10 月 25 日，"傍晚的时候看到热海车站外有美军向日本人兜售巧克力，据看到这一幕的人说，其价格在二三十日元到七十日元不等"。

11 月 8 日，"上野公园，还有地铁内，聚集了很多无家可归也没有食物的人，一旦旅客打开便当盒，那些人就会一两个地冲过来将食物夺走。另外，每天都会有四五个人饿死或病死。可以说是东京市内眼下最凄惨的景象了"。

12 月 18 日，"辻堂站附近有炸药爆炸，东海道线列车全线停驶"（以上来自《荷风全集》第 24 卷）。

转眼 1945 年过去，永井荷风在第二年 1 月 16 日午后乘坐"一时四十分从热海出发的临时列车"迁居至市川。到了下午，市川站前出现一排黑市地摊。1907 年夏天，永井荷风作为横滨正金银行职员，在去往里昂的路上到达巴黎的圣拉扎尔站的时候，曾写道："如今月台上往来的旅客中，大概只有我是初次跨进巴黎这种大都市的人吧。没有人接送，鼓起勇气、脚下生风的我，无疑是那个走路最快的旅客。"（《荷风全集》第 3 卷）当时永井来到向往的法国，意气风发，几乎要手舞足蹈，而现在的永井却在市川车站前的地摊上买西太公鱼的佃煮、蔬菜，以及蜜橘。

复兴之路

东京站

内田百闲乘坐急行列车"云仙"去往长崎。"驾驶长崎阿房列车"[1] 几次之后，内田为了乘坐"云仙"便出发去东京站了。

"东京站越来越大，因为有了新的线路、新的长廊，在原本就有的长途列车停靠的九号线与十号线的基础上，又多了好几条新线路与新站台。发往长崎的三七列车'云仙'由十五号线发车。"（内田百闲《第三阿房列车》）

这个时期东京站的变化非常惊人。岸本孝所著《东京站物语》书后的年表收录了很多这一时期的事项（三岛富士夫与永田博的《铁道与街·东京站》书后也有年表，但两者记述的内容直到《东京站物语》（1980）出版的前一年都完全一样。《铁道与街·东京站》添补了到其出版的 1984 年为止的一些事项。两者皆是以东京站制作的年表为基础整理的。《铁道与街·东京站》中标有"东京站制作"的字样）。

1　《阿房列车》是作家内田百闲于 1950 年至 1955 年创作的游记系列，共 15 册，分为《第一阿房列车》《第二阿房列车》《第三阿房列车》三卷。"长崎阿房列车"是第三卷中的部分。

　　这里的年表显示，第七站台是在 1953 年 7 月 1 日投入使用的。为了提高运输能力，作为第二次世界大战前就存在于计划中的一部分，1942 年 9 月 25 日第五站台投入使用。同年 11 月 3 日，因东京机务段搬迁至田町电车区旧址的工作完成，这一计划中止。1945 年 5 月 25 日遭遇空袭。1947 年 3 月，丸之内一侧的车站建筑改建完成，之前的三层楼被改成两层楼，圆顶改成方顶。在这个过程中，八重洲一侧的填海造地工程不断推进（同年 11 月竣工），1948 年 11 月 16 日，车站的八重洲口投入运营，第二年 4 月 29 日毁于火灾。

　　此后，新八重洲口开始建设。1952 年 7 月 1 日，拆除八重洲一侧的地面轨道（被称作地平线）。随着各部分相关设施逐步转移、站台的增设以及八重洲口工程的正式动工，自 1914 年开通以来用于检查维修机车与客车的地平线最终退出了历史舞台。随后，第七站台投入使用，1953 年 9 月 1 日第六站台（12 号线与 13 号线）也随之投入使用（同日，第四站台停止使用）。第二年也就是 1954 年的 10 月 14 日，八重洲口的车站建筑作为铁路会馆开始营业（同月 21 日大丸百货开业）。

　　内田百闲在《东京烧尽》中写道："大火后，屋顶也没了，走廊上落满了灰与沙，凹凸不平的地面上挤满了人。我认为不可能有电车了，想着要步行回家，拨开一群群的人，从站台入口挪到中央口，走得大汗淋漓。"文中还写道："被烧后东京站的惨状费尽口舌也难以言说。"就是这样一座受到严重损伤的东京站，花了不到十年时间又获得重生。

在这十年时间里，因为战争的迫害与美军的统治，以及各种各样所谓的战争后遗症，日本的铁道被玩弄于时代的股掌之中，历经了各种苦难。

朝鲜战争与车站

1950 年（昭和二十五年）6 月 25 日，朝鲜战争打响，第二天就有运输弹药的指令下达。东北本线陆前山王、片町线田边、南武线稻城长沼、横须贺线逗子之类的地方，附近都有车站建有接收了旧日本军物资的美军弹药库，从这些车站向横滨的瑞穗站（美军接收且使用了的旧日本陆军的港口货运车站）、筑前庐屋站（美军基地专用车站，在从鹿儿岛本线远贺川车站分出来的线路上）和小仓站等车站运送弹药，再从东北本线赤羽站（附近有接收了东京陆军造兵分厂的美军东京兵器厂）发送坦克。另外，开战同时，为了接收从朝鲜回来的为盟军工作的平民的专列，汐留站第三个站台也被征用了（6月27日）。这些运输主要由每天4班到7班的临时货运列车来承担，从7月1日起开始运送在日美军去战场。这场运送长达10天，7月1日至4日，第一骑兵师团从横须贺线衣笠站到别府站与小仓站有4趟列车，第二四步兵师团从东京站、横滨港站、东横滨站、笼原站、渊野边站、芝浦站到博多站、佐世保站有8趟列车；7月5日至8日，第二四步兵师团从陆奥市川站、仙台站到筑前芦屋站、大阪站、衣笠站、梅田站有8趟列车；7月4日至8日，第二五步兵师团从滨大津站、奈良站、梅田站、梅小路站、大阪站、神户港站到门司站、小仓站、博多站、佐世保站有42趟列车；7月9日至10日，第二四步兵师团从三柿野站（名古屋铁道各务原线[1]）到门司站有13趟列车，总计71趟列车（客车360节，货车1420节）。此外7月1日至3日，还有从御殿场、富士吉田两站出发，前往梅田、奈良、相武台下（相模线）三站归队的列车16趟。开战后两周内，临时军用列车达到245趟（客车

1　位于日本岐阜县的私铁路线，由名古屋铁道拥有及运营。它连接岐阜市名铁岐阜站及各务原市新鹈沼站。

7324 节，货车 5208 节）（日本国有铁道《铁道终战处理史》）。

另外，8 月至 9 月，在富士山山麓及相马原上召集韩国士兵训练，这场训练应该是为了准备 9 月 15 日联合国军（美国在这次战争中以本国、韩国及其他多个国家的军队作为联合国部队）的仁川登陆作战。这场作战开始于 9 月至 10 月，这段时间，日本国内各相关车站都在忙碌地运送征召来的士兵。

其中之一是东北本线的陆奥市川站。从东京出发，这里是抵达八户站的前一站，距东京 650.1 公里，现隶属八户市市川町，是个每日乘降人数只有七八百人的小站。此地的日本铁道于 1891 年 9 月 1 日通车，当时尻内站（1971 年 4 月 1 日改称八户站）至沼崎站（1959 年 10 月 1 日改称上北町站）31.5 公里，途中没有车站。这一年的 12 月 20 日，下田町站投入使用（尻内站至下田站相距 11.1 公里），1894 年 4 月 1 日，古间木站（1961 年 3 月 20 日改称三泽站）投入使用（下田站至古间木站距离为 9.9 公里）。这样一来古间木站到沼崎站之间的距离达到 10.5 公里，各站之间的距离维持在 10 公里左右。

但是，随着列车增加，线路的容纳能力逐渐捉襟见肘。1916 年 11 月 29 日 23 时 40 分，在下田站至古间木站区间发生了上下行列车的正面冲撞事故。这是因为当时为了运送去弘前第八师团报到的人，将原本停运的下行列车（第331列车）增设为临时客车，而古间木站助役忘记了这样的临时安排，未向相关员工传达。面对上行的货运列车（第308次列车），铁路工作人员从闭塞器中取出表示"特殊通行"的路签，挂到站台的路签机上。第308次列车的乘务员在不知道有下行列车从下田站驶出的情况下，从路签机上取下路签后出发。等双方机车乘务员意识到的时候为时已晚，"双方的机车相互冲撞后脱轨，六节客车车厢、三节货车车厢粉碎，另各有一节车厢损伤严重"（《日本国有铁道重大行驶事故记录》），共有17名旅客当场死亡，177名负伤，3名职工当场死亡，另有3名职工受伤。

不知是否因吸取了这次事故的教训，1923年8月15日在下田站至向山站区间设置了木下信号场（1936年7月10日成为向山站。下田站至向山站距离5.3公里）。1926年11月5日又在尻内站至下田站区间设轰信号场（下田站至轰站距离6.9公里）。

这个轰信号场后来成为陆奥市川站，也就是说陆军在这附近的高馆设置了宇都宫航空厂八户分厂和八户重轰炸机战队（《铁道终战处理史》）。另据这本书记载，这个地方与三泽一样很少出现大雾天气，适合做航空基地。1942 年 2 月 10 日，海军在三泽设置航空队（永石正孝《海军航空队年志》），成为陆上攻击机的基地。

因为有陆军的航空基地，1944 年 10 月 11 日轰信号场改为车站，称陆奥市川站（当时此处属青森县三户郡市川村）。在此处还是信号场时代的 1942 年 9 月，这里设了军队的专用侧线，负责运输兵员与建材。战败后，高馆的基地由美军接收，第一空挺师团第五一一连队驻扎于此。1945 年 9 月 20 日，车站设置 RTO，准备开始扩建。但是到了 1947 年，高馆地区被指定为地面部队的驻扎地（约有兵力 5000 人），上述计划终止，此后这里接到了新的大规模扩建的指示。工程开始于 4 月 1 日，需要建设可以容纳 50 人至 60 人的 RTO 设施、机车库、为了临时列车和特别列车设置的滞留线、洗涤线之类，工程浩大，为了获得建材就花了不少工夫。由于工程总没有进展，4 月 10 日铁路运输第三司令部仙台地区的司令官以工程进度过慢为由，向仙台铁道局长发了一份斥责信。后来，第一期工程虽然比原定计划的 7 月 15 日晚了 5 天，但到底是完工了，如此一来，这位局长又向相关的承包商鹿岛组、铁道工业以及仙台铁道工业各分公司发了表扬信。美军就以这样的方式督促鼓励着工程推进。工程整体于 1948 年 1 月 31 日完成,是美国人特别喜欢的纯白车站建筑,是湿地中一道大放异彩的风景线。陆奥市川站与奥羽本线上的神町站 [美军接收了旧日本海军的神町航空队(1944 年 12 月 5 日设置),并对神町站进行扩建]被称为"东北的两头白象"。

　　美军的命令,拒绝是肯定不行的,而且不能拖延工期。更何况,还得无视利害得失。毕竟 RTO 基本上没有实用价值,直到竣工之后机车库开始试运行,RTO 都没派上过用场。洗涤台也仅仅使用过为数不多的几次。原本计划于 1946 年 2 月 12 日在上野站至青森站区间行驶的军用临时 1101 次列车与 1102 次列车,

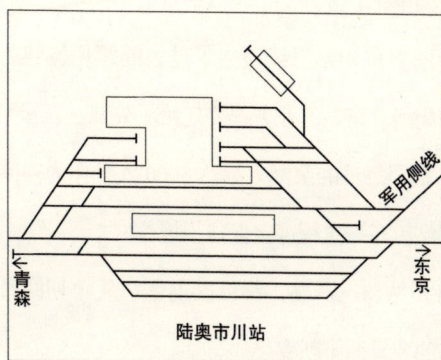

陆奥市川站

其线路在同年 4 月下旬通过常磐线延伸至札幌站（第 1101 次与第 1102 次列车），7 月 15 日又延伸至东京。11 月 5 日起横滨站至札幌站通车，停车点为陆奥市川站与古间木站，然而乘客没有预想的那么多。在美军管理下，车站经历着各种变化。这种影响不仅作用于陆奥市川站，古间木站（三泽站）也是同样。明治维新后，会津藩移至此处，成为斗南藩，着手开垦这不毛之地。随后，这里成为航空队的基地，基地又被美军和自卫队先后继承，始终在发挥作用。虽然这里有过一些引人注目的事件，比如前述的列车事故和 1931 年一次从附近的淋代海岸出发横跨太平洋前往美国的飞行活动，但总体上是一个在历史的长河中不被人关注的地方。就是这样一个地方，被迫成为基地，这种变化让这里从信号场升级为车站，并开始了夜以继日的站内扩建工程。

现在，陆奥市川站已经撤去了过去的军用侧线，大幅度简化了站内的配线。车站的业务都委托给了外部。三泽站成为三泽市的中心车站，每日的乘降人数达 5000 人，作为换乘十和田观光电铁的车站，在一定程度上保住了地位。

陆奥市川站和三泽站，都可以说是在战争期间及战后，为了应对军队的要求而不断变化的车站。

熊平站的惨祸

我们还应注意到有一些车站，在战中到战后的这段时间内，遭受了山体滑坡等土地荒废所带来的灾害。1950 年 6 月 8 日至 9 日发生在信越本线熊平站上的山体滑坡，是其中代表性的一例。

这次的灾害，第一波发生在 6 月 8 日 20 时 30 分，山体滑坡总量达 3000 立方米，熊平站内轻井泽方向的本线与两条安全侧线被埋。相关职工与外部工人共 215 人投入修复工程之中，第二天早上又获得其他援助，看上去可以在上午完成修复。当他们正准备早餐的时候，6 时 06 分，伴随着巨响，同一地方再次被总量达 7000 立方米的山体滑坡袭击，滑坡势头凶猛，如海啸般席卷而来，推倒了五栋宿舍楼，埋没了山下的一八号国道。正在施工的人、休息的人以及在宿舍的人都没有来得及逃离。冲下来的泥沙由于在半山腰受到阻拦，最后袭击了朝滑坡相反方向逃难的人们。

这场灾难共造成 50 人死亡，16 人重伤，8 人轻伤。死者之中包括熊平站站长和熊平变电区区长。家属中共有 12 人死亡，有的家庭中出生不满一个月的幼儿与母亲一起遇难；有的家庭中则是出生两个月的幼儿与母亲一起遇难；有丈夫是线路工的家庭，丈夫、妻子及二女儿 3 人一起遇难，留下两个孩子；还有三组职工或工人是兄弟两人一起遇难。

再来看现场的受灾情况。本线与两条安全侧线被掩埋的部分长达 70 米，掩埋深度达 3 米。送电线受损，馈电线短路，各处都有火花冒出，有一段时间根本不能开展救援工作。当地的居民协助消防队，先处置遇难者遗体（进行到 22 日），再开始收拾泥沙。到了 20 日 10 时，下行货运列车通车（客车于 22 日 18 时通车）。据推测，该地由于是高渗透性地层，在石英粗面岩上堆积了轻石层和火山砂层，暴雨导致地下水激增，在地下水的压力下，轻石层和火山砂层被冲刷后引起滑坡。另外，也有人推测是战时和战后大规模的伐树，导致地表的土质变得疏松所致。

下面是当时参与修复工程的横川线线路工冢田一道的回忆。

"我们线路工在线路分区内及分区前的站台上支起帐篷，铺上草席，穿着足袋就休息了。因为开工前有很多事需要商量，还有各种问题烦扰，每天都是第二天的凌晨两三点睡，然后六点多就要起床，睡不到四个小时。每天的餐食是固定的饭团和福神渍[1]。（中略）重新通车后，从十号隧道有列车开出来的时候，我们都停下手边的工作哭了。（中略）我也在不经意间积累了过多的劳累，一下子休息了两个月。我们那个工程小组有两位同伴牺牲了，上原与竹本。两人都上过战场，在战争结束后又过了两三年才回了家，好不容易可以开始过安稳祥和的家庭生活，就又遇到不幸，这种事实在没法说。"（八木富男《碓冰线物语》）

横川站至轻井泽站距离为 11.2 公里，其中有 8 公里是陡坡，坡度达到 66.7‰，铺设了 Abt 齿轨铁路[2]。在这中间，距离横川 6 公里的地方是熊平站，在这里列车错开行驶。这个车站虽然于 1906 年 10 月才投入使用，但自从 1893 年 4 月 1 日该区间通车开始就配备了错行设备，也设置了停车的位子。因为当时还是蒸汽机车，所以还安排了给水设备和煤台，好像并不是客运或货运车站。

在自古以来的险关处建成的这条轨道，有 18 座桥梁，26

1　一种腌制小菜。

2　由瑞士人罗曼·阿布特（Roman Abt）发明。Abt 的齿轨是垂直的钢板，上面用机器铣割了准确的齿坑。Abt 齿轨经常是两条或三条共同使用，火车上亦配有相同数量的齿轮，这样便能确保最少有一条齿轮是咬合上的。

座隧道，而且还采用了 Abt 齿轨铁路，是一段有别于普通线路的区间。尤其是在齿轨铁路的入口（丸山信号场一处，熊平站两处，矢崎信号场一处），机车的齿轮必须和齿轨铁路咬合。司机也必须格外用心，而维护这种入口的线路工更是尤为辛苦。此外，隧道里还要注意排烟时不能影响列车的运行，前往轻井泽方向的下行列车，在横川一侧的隧道口准备了帘幕，列车一进入隧道，就关上帘幕，以遮挡列车驶过后从隧道口吸入的空气。负责拉帘幕的是"隧道工"，这份工作非常危险，工作时可能会因列车带入的急气流而被悬吊在空中，有人曾因此殉职。这个区间自 1912 年 5 月 1 日起电气化，是国有铁道上首次运行电力机车，可以说正是以上这些运行条件所要求的。

进入电气化时代后，Abt 齿轨铁路反而阻碍了运输能力的增强，此外依旧在发生列车的倒退事故，这种事故在蒸汽时代发生过一次，电气化时代又发生了一次。第一次事故是 1901 年 7 月13 日，在靠近矢崎的第 21 号隧道中发生的，那时候列车大约倒退了 2 公里，在第 18 号隧道附近停了下来，乘客中日本铁道工程师长毛利重辅和他的儿子被甩出列车后丧生。1918 年 3 月 7

日发生了第二次事故，当时下行货运列车也是在第 21 号隧道中停车，正当轻井泽一侧的本务机与横川一侧的补机之间的乘务员互相商量着打算让列车再次运行的时候，列车突然倒退，加速进入熊平站，通过车站之后冲入第 10 号隧道口（轻井泽一侧）附近的退避线，本务机侧翻，补机脱轨，运货车厢与带齿轮的守车（装有可以与齿轨铁路咬合的齿轮来辅助机车上齿轮的车厢，也叫 pinion 车）受损严重。在这场事故中，守车的乘务员、前部列车长、扳道房里的扳道工当场死亡，本务机的驾驶员重伤后死亡。熊平站成为空前绝后的惨剧发生地。

为了防止此类事故再次发生，并且改善运输能力，1961 年 4 月日本国铁开始着手建设新线路，坡度依旧是 66.7‰，但是不再设置齿轨铁路。该工程于 1963 年完工，同年 7 月 15 日起一部分列车开始切换至新线路运行，至 9 月 30 日新线路已承担起全部运行任务。横川站至丸山站区间、矢崎站至轻井泽站区间早已是多线运行，自 1966 年 7 月 2 日起这一区间的中间路段丸山站至矢崎站也开始多线运行，全程运行时间由原来齿轨铁路时代的大约一小时（下行列车时速 18 公里，上行列车时速 20 公里）缩短为 27~35 分钟。

如此一来，熊平站不再需要错行设备，在多线运行轨道竣工之前的 2 月 1 日，这个车站成了信号场，不再服务于客运与货运。这里面应该也有需要另外建立一些紧急事态设施的考虑。另外，轻井泽站的"碓日岭铁道碑"在关东大地震的时候倒塌，此后一直被弃置，直到 1954 年 11 月被当时的横川工务段段长小山五郎移到这里，立在站台上至今。此外，在山体滑坡一年后的 1951 年 6 月 9 日，站内竖起了"熊平殉难碑"，碑文由国铁总裁拟就，阴文落款是"日本国有铁道高崎管理局　国铁工会高崎分部"，也就是说石碑是由国铁与工会共同竖立的。

即便这里成为信号场后不再有人到访，但是把倒地的石碑重新修好的车站职工，建立殉难碑的职工，还有立在信号场上述说着职工认真保护列车和线路故事的石碑，还是一如既往地守护着往来的列车。

车站的未来

近代社会与公共空间

说起日本铁路的发源地，那就是横滨的樱木町站和东京的汐留站。樱木町站因为现在还在使用，暂且不说，汐留站则在1986 年 10 月 31 日停止使用后就将宽敞的车站用地变卖了，这笔资金为填补国铁的赤字带来了一定的帮助。变卖铁路发源地这件事，即便不带伤感情绪地去评价，也还是让我对这个国家薄弱的车站公共性意识唏嘘不已。

车站具有作为公共空间的作用。因此，华盛顿的车站虽然也已经无列车出发到达，但是它由铁路车站摇身一变成为美术品展出场所。巴黎的奥塞车站废弃之后，建筑物在维持原状的基础上进行了内部修整，成为美术馆。当然，我们的汐留站没有什么可以改建为美术馆的建筑，但是卖给大型房地产公司之后，就成为私企建房子和追逐利润的地方了。私企在这里建起大型建筑，在边边角角又建了几处广场，作为"公共空间"，由大楼公司或者管理承包公司代为管理。近年来大企业总公司高层建筑的前庭总给人一种非常威严的感觉，拒绝人们的进入，甚至不允许行人像走其他道路一样穿行，如果放任不管，或许在这样的建筑物中可以实现那样的个人主义。于是，在这周边一带，周围居民被那些通过倒卖土地不断牟利的公司驱赶。大型企业的个人主义，不仅剥夺了建筑物本身所在的地域，还蔓延至周围那些原本毫无关系的地区，也剥夺了那里居民的生活自由。

车站这种地方，不应该因为这样的企业追求私有利润，而丧失其公共性。欧美诸国与日本在关于公共性的意识上几乎处于不同的维度。想要标榜日本是近代国家的时候，就胡乱建造高层建筑，竞争建筑物的高度，以此作为近代化的指标，这种愚蠢的炫耀是不是应该适可而止了？自明治时代文明开化以来形成的出人头地往上爬的意识，应该说是已经到了要终结的时候。

但是，"让车站成为公共广场"最近以各种形式成为公众议题，这些讨论中囊括了各种各样的问题点，实在是很有意思。日本在很长一段时间内，都没有在城市里建造广场的传统。在近世幕藩体制下，作为军事据点，城市尤其是城下町的功能得到重视，因此丁字路成为道路主流。其中的广小路，与其说是市民聚集的广场，不如说是为了将入侵的敌军逼至绝境的区域。自从天平时代行基在平城京举办的集会被镇压之后，市民拥有集会场所一直被视作暗含危机。1969 年夏天，新宿站西口广场上的民谣反战集会被禁，这一现象与现代统治权力避讳集会的立场一脉相承。后来政府用"这里不是广场是通道"这样一句说辞，来使1969年的镇压合法化。提倡将车站前的广场作为公共空间利用起来的时候，我们有必要意识到警察权力下的说辞及其背后暗藏的自古以来避讳集会的"传统"。

如上所述，在日本很难形成公共广场的概念。这是因为长年以来在统治权力的镇压式政策之下，城市故意没有为人们准备可以自由集会、交谈的场所。说到底，这是因为我们缺少一种共同认识，那就是城市的建立（进一步说是国家的建立）依靠的其实是每一位公民的双手。所以在每个人参与其中这样的社会共同认知之上建立起"公共"观念，是特别困难的一个步骤。毕竟，将公共性看作"上头"安排好的，或是"上头"赐予的，并止步于这种理解与认识的人不在少数。

在这样的社会中，不光是车站，其他各种设施也是如此，将它们认定为公民共有是极其困难的。但是，回顾车站的历史，我们可以知道人们在不知不觉中就把车站当作属于自己的事物开始使用。就像我们前面看到过的那样，不特定多数使用者群体的形成，让聚集到车站来的人们拥有把车站当作移动时的据点这一共同目的，且通过实现车站使用权的平等来使人们享有平等的移动权利。

车站虽然可以让人们聚集起来，但因为其目的不是集会，所以这样的聚集无法被镇压。聚拢而来的人们会因等级不同（日本的话，过去是分成三个等级，也有像德国那样分为四个等级的特例）而在候车室及检票口被区别对待，即便如此，只要同样拥有乘坐列车移动这一目的，就没有必要向他人出示自己的具体行程，比如目的地或车厢等级。如同公民可以不戴姓名牌就外出一样，乘车的时候乘客的隐私同样可以得到保障。从这个意义上来说，在日本近代化过程中，车站是最先确立近代公民社会原则的地方。

高峰时间段与车站

车站拥有作为公共场所或作为公共空间被定位的可能性。关于 20 世纪 20 年代东京站的候车室，有这样一个故事。

某个夏天的傍晚，"一位二九妙龄的妇人进入候车室，脚步急促，上气不接下气，一层白纱波浪起伏描绘出胸部的肉体美。候车室内都是要乘坐前往小田原方向快车的绅士与淑女。仅仅 30 分钟候车时间，二氧化碳与化妆品的芳香味就已混合形成一种奇特的气味，使室内的空气恶化了"。虽说有女性候车室，但是没有限制女性出入男性候车室。即便如此，"二九妙龄的妇人"，就只有 18 岁这一点来说，她还是需要相当大的勇气的。这位女子颇为自来熟地蹭到一位男子身边，非常巧妙地问到了对方的工作单位与旅途目的地。"我也是要去镰仓的，但是不知道我哥哥做什么去了"，她一边这样说一边看着男子的表情，"大约是尝到了点甜头"。她拜托男子，如果哥哥不来的话，请把她也带去镰仓。男子"并没有露出什么不乐意的神情"。发车时间逐渐临近，女子说要走到入口去等哥哥，而男子就买了票在检票口等她。

"站夫报告说'小田原急行'进站了。检票口顶上挂着的'小田原急行'几个大字在电灯的亮光下明晃晃的，检票钳检票的声音有三处，很有节奏，但又不免急促地此起彼伏。女子从车站入口处跑了过来，贴到之前那位男子身边，摆出一副亲热劲儿说道：'到底是没有来，那么真的是要给你添麻烦了。'男子回应说：'没事，反正是同一辆火车。'接下来男子催促道，那么快走吧，女子便豪爽泼辣地跟上了。两张蓝色的车票通过检票口的时候，两人之间的距离超过 5 米，男子让自己的行李跟在自己身后，夹在两人中间。要一路到镰仓去！这之后两个人之间会迸发出什么样的火花，就留待读者判断了。"

　　这位妙龄女子的行为是真如其所言，还是以卖春为目的的有意图的举动，正是需要读者自己判断的地方。作者还如此记述道："以上的情景即便没有走到伤风败俗的地步，但是经常出入东京站的乘客们或许亲眼看到过某些情况，于是会对这一幕产生必定会往那种方向发展的判断。"

　　这本书的作者是拥有东京月岛警察署署长这一头衔的前田善教，书名是《纵横之中看东京（续篇）》，刊行于 1927 年 11 月 10 日。关于东京站的候车室，这本书的作者有以下一段描述，告诉我们以乘坐列车为前提设置的候车室却有了别的用途。"某种特殊的人群聚集于此，也就是要去三业[1] 中有名的待合的手无寸铁之人，或者是以此为据点，将银行、公司、政府官员中间那些好色之徒玩弄于掌中，以此谋生的穿洋装剪短发的奇女子。住在同一屋檐下的小姐和书生将这里当成一起谈心的地方。更有甚者，有人将此作为通奸合谋之处，还有恶徒们会将此作为密谋或

1　料亭、待合、艺伎屋三种营业场所的俗称。其中的"待合"与候车室的日语表达相同，此处专指"待合茶屋"，是与艺伎玩乐、饮食的场所。

上演诡计的场所。以上这些候车室的使用方法，远多于候车室的正当用途，关于这一点有必要就候车室这一话题做些讨论。"

正因为是警察署署长，前田才会把这样的空间当作伤风败俗与动荡不稳定的据点，他的这种想法在书中非常清楚地显露出来。再举了几个例子之后，作者又提到1921年11月4日晚7时20分发生于东京站入口（丸之内南口）的暗杀首相原敬事件。

这样看来，在关东大地震之后，通勤高峰日益渗入民众的生活，此时东京站［1927年度的每日平均乘降人数达106175人，而1915年即投入使用的第二年，这一数字是10146人，大约是后来的十分之一（东京站《东京站要览》，1953、1956）］日均10万的乘降人数说明乘客已经可以为了旅行或通勤这样的目的，平等无差别地乘火车出行了。在傍晚通勤高峰时，"像雪崩一样涌入东京站的"人们中"大多数都有月票，迅速地通过检票口是普遍情况"，"这样一来，在不特定人群中有那么些男女就很容易被人忽视"。［《纵横之中看东京（续篇）》］能如此警觉的是警察的眼睛，这些"男女"在车站出入高峰期混在通勤与旅行的人群中，并不起眼。所以，他们就可以将候车室用于自己的目的。

书中这样描写上班族：

> 早晨，拿俸禄生活的人们从郊外住宅奔向九之
> 内，他们就像是机器的零部件一样，背负着近代社会
> 的节奏，像对待运动比赛似的日复一日地追赶出勤
> 时间。

以上是早稻田大学今和次郎带领的团队编写的《新版大东京导览》（1929 年中央公论社出版，1986 年批评社刊行复刻版）中的一段话。在那个年代，由这个团队的研究开始，兴起用新式方法分析社会活动的"考现学"（modernology）。

大量化社会中的车站

根据这本书介绍，早晨的高峰时间段是六点半至九点半，傍晚则是三点到七点半。1929 年 5 月 22 日公布的东京铁道局的交通调查显示，东京站每日早高峰时间下车的乘客达 34160 人，每日总下车人数为 73968 人，总下车人数的 46% 都集中在早晨。在有乐町车站是 18697 人（占一天总人数 37866 人中的 49%）下

车，神田站的这个数据是 15817 人（占一天总人数 32037 人中的 49%），新桥站是 13634 人（占一天总人数 38581 人中的 35%）。在几乎没有长途旅客上下车的有乐町、神田两站，出行高峰期的下车人数占比很高。四个车站合计达 82308 人。

在关东大地震前后的 1920 年与 1925 年，进行了两次国势调查[1]，东京市 15 个区（也就是旧行政划分中的市内）的人口从 2173200 人减少到了 1995567 人。针对这样的变化，周边城市规划区域于 1932 年 10 月 1 日被划入东京市内，与旧行政划分中的市内合并，形成 35 个区，如此一来，人口由 1184985 人增加到了 2113546 人（东京市《东京市郊外交通工具发展与人口之增加》，1928）。

就人口增长率（将这五年间增加的人口除以 1920 年的人口数，所得数字以百分号表示）而言，增长最多的是荏原町，达 747.9%，杉并町为 550.0%，尾久町是 531.1%。就人口数而言，荏原町由 8522 人增至 72256 人，是五年前的 8.48 倍；杉并町由 5632 人增至 36608 人，是五年前的 6.50 倍；尾久町由 7525 人增

1　相当于日本的人口普查。

至 47493 人，是五年前的 8.29 倍[1]。往东京南部、西部扩散的人口尤其多。东京东北部，增加的人口主要集中在离市区较近的地方，比如尾久町和三河岛町（174.0%），还有泷野川町（102.1%）（数据来源同前书）。

就整体来看，还有些增幅显著的地区值得一提，如南部的碑衾町（323.3%）、蒲田町（299.0%）、马込村（284.9%）、西部的长崎町（294.7%）、野方町（232.3%）、和田堀町（198.5%）、落合町（186.1%）、中野町（178.7%）、代代幡町（158.3%）、井荻町（148.7%）。与这几处相比的话，东部地区的增长趋势就没有那么显著了，也就只有 201.0% 的小松川町、130.7% 的金町和123.9% 的本田村比较惹眼。

这样的差异源于人们对于城市西部和山手地区的向往，但应该也不单单只有这一个原因。在《新版大东京导览》中对于这一情况有如下的解释："拿俸禄生活的人们，曾经居住在山手一带，如今逐渐往郊外迁移，远一些的就迁到本所深川与三河岛日暮里这样地势低湿度大的住宅区。这就是以一技之长谋生者与小

1　此处疑原文数据有误。——编者注

资产阶级的区别，两相比较，形成鲜明对照。"

　　同样的结论也体现在前述 1929 年 5 月 22 日的交通调查结果中。"透过省电[1] 看到了大东京的模样。"［今和次郎、吉田谦吉编著《考现学（modernology）采集》，1931］

　　这次调查所得的数字"与东京站内部计划相关"，所以提供数据的这位土桥长俊应该是铁道省的职员。下车人数最多的是新宿站 90321 人（在这个排位表中东京站这一项的数据是 76592 人，与《新版大东京导览》的数据不同）。也就是说，新宿站已经超过东京站，拔得了头筹。

　　另外，这份报告中还附上了东京站于 1931 年 5 月对早晨 8 点至 8 点 30 分的下车人数进行调查的结果，下车人数为 16341 人，其中持普通车票的有 2591 人，持月票的有 9872 人，持铁路乘车证的有 3878 人，其中持月票的人数占总人数的 60%（在 1929 年的调查中，电车各站的日乘车总人数为 1124690 人，其中持普通车票的有 461439 人，占 41%；持月票的有 596813 人，

占 53%；持铁路乘车证的有 66438 人，占 6%。即便只选取一天来看数据，持月票的人数也超过了半数）。当时御茶水站至两国站之间还未开通（于 1932 年 7 月 1 日通车，开始运行电车。到市川站的区间于 1933 年 3 月 15 日开通，至船桥站的区间则于同年 9 月 15 日开始运行电车。当时在乘客多的时间段，至中野站的区间开始运行总武线直达电车，东京站至中野站区间也开始运行快车）。也就是说，乘坐省线电车由东京南部、西部及北部集中至都心的乘客非常多。作为一名内部职员，上述报告的报告人对此作了如下评述：

> 出行高峰期也存在阶级差异。在高峰期开始时最先赶往车站的一般是工人，或是从事与此类似工作的人，然后是占总数最多的所谓的上班族，之后就是所谓的身居重要职位的人了。

对于这样的通勤者来说，车站就是日常移动线路的联结点。所以，他们与意图在车站做些什么的人完全不同，而且因为赶路着急且疲惫，也无心力去顾及那些人的存在。通勤者们绝对想不到车站还可以用于移动以外的其他目的。对于改造后的上野站、三宫站、神户站、名古屋站或者其他大城市的终点站来说，车站的设计虽然在刚开始考虑了取代人力车的机动车的出入与停车，以及车站线路与有轨电车、公交车的换乘空间，但是没有意识到可以设置公共广场。车站作为移动目的以外的公共空间的定位未被发掘。

梦幻的终点站

一方面，这样的定位未被发掘；另一方面，在 1935 年决定 1940 年举办东京奥运会之后，很多机构制订了奥林匹克会场等设施的建设计划。其中一项就是 1936 年 10 月，早稻田大学理工学部建筑学科学生制作的《东京奥林匹克大会建筑设施计划试案报告》，这一报告以"让奥林匹克具有向国际上宣扬国威及振作国民精神这样重要的政治意义"为宗旨，"从社会性的自由的立场出发，从纯粹的建筑工程学的领域出发"制定而成。这一规划中有建设奥林匹克中央车站的计划，以及将原宿站改造为辅助站的计划。

在计划将代代木练兵场（今代代木公园）作为会场的基础

上，中央车站被定位为会场入口。当时，还考虑到了从涩谷站附近进入山手线西侧，随后再进入地下的新干线线路。新干线的车站设置于线路与代代木车站附近的山手线合流的中间位置，计划建设长 260 米、宽 170 米的广场，广场中间竖立奥林匹克塔。这里作为人们集散的场所，设置了宽敞的空间。地下一层是停车场，地下二层并排建四个站台。原宿站的计划则是建设直径约150 米的圆形广场（内含道路面积），广场地下建两个站台。这座圆形广场将成为连接青山方向与奥林匹克会场的交通枢纽。

在当时，如此重视广场的车站建设规划，作为一种设计车站及站前广场的态度是划时代的。这份规划书的致谢中提到了铁道省东京改良事务所建筑组的土桥长俊，土桥是我们之前提到的向今和次郎教授提供省线电车调查报告的那一位，可以认为今教授是这份规划的指导教授之一。正因为这份规划背后有这样的人脉支撑，才得以在国策计划中以自由且学术的态度制定规划。从这个意义上说，这份规划在思考车站与站前广场的形式这一层面上，纳入了许多先进的要素。

当时，在这样的车站规划中安排广场是否已经成为一种风潮呢？1942 年之后，纳粹德国开始规划轨距为 3000 毫米（3 米）的宽轨铁路，计划于柏林南部修建。同时，他们计划在那里修建长 1000 米、宽 300 米的广场 [A. Joachimsthaler. *Die Breitspurbahn Hitlers*，1981。新版（1985）的标题是 "Die Breitspurbahn"（宽轨铁路）]。

作为城市规划的一个环节，纳粹德国这样的独裁国家强制性地实施了车站的建设计划。据说希特勒自己制订了如下的计划：在慕尼黑，中央车站计划建设为高 116.6 米、直径 265 米的圆顶建筑物，从车站延伸出宽度达 120 米的东西向道路，在东边卡露露斯广场附近，立起高 214.5 米的纳粹创立纪念碑。另外，还计划在柏林建设长达 5000 米的普拉哈托大路（宽 120 米），用来连接新建的南北两个车站。从南站起沿这条道路向北走的话，会看到高 130 米、宽 170 米的大凯旋门（据说是巴黎凯旋门的 49 倍）。在这个对面是北站，北站里面计划建设一座高 290 米、直径 250 米的圆顶集会场地。

这样的城市规划是希特勒打算称霸欧洲的标志，车站被非常巧妙地安插了进去。当年计划建设的东京站至下关站的宽轨新干线就没有这样对应的城市规划。但是日本在殖民地的城市规划，也是以车站为中心的。

日本当时不断推进中国东北部的城市新京（长春）的城市规划，以新京站为北端，大同大街向南延伸，贯穿整个城市，在中心位置建立大同广场。关东军司令部在这条大同大街的西侧，也就是说事实上掌管"满洲国"的机构占据着城市的中心位置。与之相对，规划中"满洲国"的宫廷将建在从新京站起向西南延伸的"南满铁路"南新京站的西部（规划实施初期，宫廷位于大同广场的西南部及南新京站的东北部）。这正是日本控制下的"满洲国首都"的城市规划（越泽明《殖民地"满洲"的城市规划》，1978）。

在这份规划中，新京站可谓是城市规划的起点。这是在"满铁"总裁后藤新平最初制定殖民地城市规划之后出现的新规划，可以认为是跟随了当时欧洲各国在殖民地的经典设计。

作为市民"财产"的车站

在日本，自东京市区改造条例实施以来，也很自然地把车站尤其是终点站加入城市规划之中，但是没有像柏林和长春那样采取那么彻底的做法。这主要是因为要改造已经整顿完善的街区是极度困难的。但是，在关东大地震及第二次世界大战之后，也没有实施过这样积极的改造规划。

我认为其中应该有车站设计与城市规划之间相乖违这一因素。在这种相乖违中发挥桥梁作用的是藤岛茂（执笔时藤岛负责日本国有铁道工程师长室的调查工作）的论文《站前广场计划论》。以铁路旅客质的变化及城市交通部门的发展为前提，这篇论文以"要确立包揽车站及城市街道的规划基准《站前地区规划》"为主要内容展开论述，认为只有以"将铁路与城市建立在完全相同的基础之上"这种思维来接纳遵照规划基准建成的站前广场，才可能实施综合性的城市规划。

"无论在哪里，站前广场都是为了铁路、公交车、地方铁路及其他的辅助交通手段可以相互联结，为了因这些交通工具聚集在一起的人们设置的空间。让机动车斩断人流直冲进车站，或是让机动车和公交车长久地在此停泊或转圈，都不是站前广场本来的目的。在城市中占地广阔的站前广场本身就应该是一个完整的交通空间。然后，站前广场应该面向城市打开。"

这份规划中还引用了巴黎蒙帕纳斯站改造的例子。改造让紧邻蒙帕纳斯大道的近郊线车站向后退，与干线车站会合，并在曼恩（Maine）大道与沃日拉尔（Vaugirard）大道的路口，建起了高层的车站中心建筑，以及拉乌尔·多特里（Raoul Dautry）广场。在广场一侧有一座叫作塔的高层商业中心，隔着广场的近郊车站旧址被建为公共广场。如此规划的新车站于藤岛论文发表的十年后，即 1969 年 3 月 5 日开始投入使用（M. Ribound et J. Reda. Gares et Trains. 6eme volume de la collection, *Le Pléton de Paris*, 1983）。

藤岛的论文中所指出的典型性综合规划，可以说体现在了这座新车站之中。之后，日本铁路基本上就是按照这个思路，将旅客终点站定位为综合交通中心。这时的终点站既作为铁路设施，也作为城市活动中心在发挥作用，为此终点站的建设要与所在城市的城市规划相调和，且需要强调的是这种调和的实现是十分必要的。这一点给我们指明了一个方向：车站，尤其是站前广场的定位，应该是作为市民"财产"的公共空间。

从 1983 年 1 月到第二年的 12 月，日本交通协会的会刊《泛交通》上连载了马场知己（原日本国有铁道设施局建筑科长）的《车站的更迭》，文章列举了很多车站中最新的改造案例。从这些例子中也都可以看到这样的发展方向。这些应该说都不是把车站单纯看作移动的据点，而是有了一种把车站看作公共空间的新

动向。车站的形态发生了很大的变化。但是，无论铁路这一方的
参与者再怎么强调综合性规划的重要性，自治体地方政府不配合
的话也无法实现。高架车站这样的设计，在一些情况下也可以看
作了确保路面用地而采取的手段。

两相不配合的案例中，除了城市规划自身存在的不足之外，
也有政府执行能力欠缺的问题，这些的背后是对公共性的认识不
足。如果不克服这些弱点的话，我们就会眼睁睁地看着本应是市
民共同"财产"的车站，变成被企业用来谋私利的工具。

自明治时代文明开化以来，日本就以"被给予"的形式开
启了近代化的进程。第二次世界大战之后，日本的民众用自己的
双手开辟出前进的道路。围绕车站形态的讨论，也成为我们在前
进道路上需要做出巨大抉择时的关键点。

后 记

　　铁路车站上各种各样的气息随着来往的人们在这里集散。本桥成一的相片集《上野站的幕间》(1983，现代书馆）将这种气息近乎伤感地传达了出来。有很多人被收入镜头，也就是所谓的"不特定多数"，比如在站长的欢迎中走入车站的皇太子夫妻，让站长站在前面的常陆宫夫妻，在车站小解的外出务工返乡大叔，在同事使人扫兴的"万岁"欢呼声中调职到别处的公司职员，以及背着幼小的孩子在向车站员工询问着什么的女当家等。对于这些"不特定多数"来说，这里是他们转换行动的"幕间"。这样的"幕间"空间成了各位旅客的背景，作为一个由钢铁包围的空间，将每个人的个性衬托了出来。在这本书的后记中，本桥如此写道：

> 上野站是东京仅存的可以令人心情舒畅地上演幕
> 间剧的广场。

在使用上野车站的旅客心中，这里应该是一处平等无歧视的公共空间，而在公共空间之中，车站应该是可以更加忠实地反映人们的生活与喜怒哀乐的场所。从这个意义上来说，在车站形成的公民社会，其公共性让组成它的所有成员不仅能够保障自己的权利，同时也认可他人的权利。车站不仅是在 19 世纪的工业革命中诞生的巨大空间，同时也是这种意义上的公共性得以确立的空间。如此看来，与工业革命、公民社会一起，车站应该被定位为从这两个方面面对近代化的一项指标。

不知疲倦地把《上野站的幕间》一页一页翻过去，影像中被定格的"特定"人群的表情与姿态，更是无限激发了我思考上述问题的兴趣。

从新宿站出发的森村诚一作品《站》（1987，集英社），也把这些人的生活姿态以及这些人之间产生的关系描写了出来。在这里，车站又成为人们的行动与人际关系的出发点。

本书中，我聚焦的主题是把公共空间车站看作日本近代化过程中的一项指标。在我打磨这个主题的时候，或许我自己的乘车体验也发挥了一些作用。连接田端站两处站台的列柱利用了废弃铁轨的景象给我留下的印象，东京站中心部分巨大的红砖建筑给我带来的威严感，以及在空袭第二天我偶然路过见到这些被烧毁时感受到的虚脱无力，种种体验不断积压在我的后背上，是无可辩驳的事实。但是，在我把自己这次的主题定为铁道史整理的过程之中，我通过《上野站的幕间》与《站》等许多作品，意识到在车站集散的人们支撑着车站的历史，同时也参与了日本近代化的塑造。我的兴趣及主题到底贯彻得如何，还有待读者评判。

　　写书的过程中我得到了很多的帮助。东京都立大学的小池滋、大阪市立大学的安部诚治特地向我提供了资料。另外，日本经济评论社发行的杂志《评论》第五十号和第五十一号将本书第一章中的文章润色后刊登了出来。我还麻烦了同社的栗原哲也社长。关于本书的出版，中央公论社的岩田尧给了我各种支持与帮助。

　　在这里，我向支持我、帮助我、照顾我的各位致以深厚的谢意。

　　在铁路行业工作的父亲，为我涉猎铁道史带来了最初的契机。最后，请允许我向今年 2 月突然离世的亡父致以追思。就此搁笔。

1987 年 9 月

原田胜正

图书在版编目（CIP）数据

日本车站史：作为公共空间的近代铁路 /（日）原
田胜正著；叶晓瑶译. -- 北京：社会科学文献出版社，
2022.1
（樱花书馆）
ISBN 978-7-5201-8821-0

Ⅰ. ①日… Ⅱ. ①原… ②叶… Ⅲ. ①铁路车站 - 交
通运输史 - 日本 - 近代 Ⅳ. ①F533.13

中国版本图书馆CIP数据核字（2021）第162843号

·樱花书馆·

日本车站史：作为公共空间的近代铁路

著　　者 / 〔日〕原田胜正
译　　者 / 叶晓瑶

出 版 人 / 王利民
责任编辑 / 胡圣楠　杨　轩
责任印制 / 王京美

出　　版 / 社会科学文献出版社　（010）59367069
　　　　　　地址：北京市北三环中路甲29号院华龙大厦　邮编：100029
　　　　　　网址：www.ssap.com.cn
发　　行 / 市场营销中心（010）59367081　59367083
印　　装 / 北京盛通印刷股份有限公司

规　　格 / 开　本：889mm×1194mm 1/32
　　　　　　印　张：8.375　插　页：0.25　字　数：132千字
版　　次 / 2022年1月第1版　2022年1月第1次印刷
书　　号 / ISBN 978-7-5201-8821-0
著作权合同
登 记 号 / 图字01-2021-1609号
定　　价 / 89.00元